大展好書 好書大展

大展好書 好書大展

家庭醫學保健

3

性活力強健法

相建華／編著

內容提要

本書重點介紹了豐富夫妻性生活、強化性功能、提高性欲望、獲得性快感的最佳健身運動——「性活力強健法」。它主要包括性感強健法、性肌肉強健法、性愛持久強健法、不同作愛體位的性肌肉強健法、夫妻性活力按摩強健法、夫妻強身性愛健身操，以及性與病的自我診治操作法等具體內容和操練方法，並對夫妻在健身運動和性生活過程中遇到的四十八個疑難問題做了簡明的回答。

本書圖文並茂，方法簡便易學，功效顯著可靠，具有較強的實用性，是恩愛夫妻家庭值得備置的健身美體與性愛健康相結合的知識性和指導性書籍，恩愛夫妻都應一讀！

獻給丈夫、獻給妻子、獻給幸福家庭

作者的話

性愛活動是一種心理因素和行為動作並重的生理活動，同樣也是一項全身性的需要體力和耐力的運動。它要以強健的性肌肉、健康的體質和健美的身心為基礎，忽視哪一方面都是不全面、不完整的。

儘管目前出版了許多與性有關的專著和譯著，也有了專門研究性教育的雜誌，但令人遺憾的是，人們總是停留在性心理學、性疾病學、性科學史的研究上，還沒有可以直接指導夫妻健身美體和健康性愛的書。

所以，《性活力強健法》的問世，對恩愛夫妻無疑是個佳音。

在這本書中我首先提出要經由健身運動來強健性肌肉，以解決性愛困難和豐富性生活。人們一定會對此感到奇怪，因為至今國內出版的健身健美著作裡，從未提及這部分肌肉，也從未接觸到這個題目，即夫妻健身美體、性愛健康取決於性肌肉的強健。

本書中詳述了豐富夫妻性生活、強化性功能、提高性慾望、獲得性快感的最佳健身運動——「性活力強健法」，並以全新的健身思想對此作了闡明，有些問題過去不曾探討，還有些問題則從未像這次研討得深入、明瞭。這正是這本書的獨到之處。

我相信，不僅是一般讀者朋友，包括醫生、健身教練在內的專業人員，也都需要有這樣全新的健身思想。

無疑地，能夠指導每一對夫妻健身美體，過好充實，健康、和諧、美滿的性生活，是一件對於社會、家庭、人類進步十分重要的工作，這也就是我本人克服盛夏溽暑、蚊蟲叮擾、挑燈夜戰編著本書的目的。

願本書能夠給您幫助，使您在健身美體的同時，充分享受於性愛藝術的歡樂之中！

相建華

目錄

第三章　性活力強健法

——豐富性生活、强化性功能、提高性慾望、獲得性快感的最佳健身運動　三九

第一章　揭開健身與性愛的神秘面紗

——談談健身與性愛的關係

對性的美好嚮往常常是一個人生命歷程中最重要的精神支柱之一，對性的體驗也是對生命的一種體驗。

性愛是人類特有的自然屬性，是性生理、性心理發展到成熟階段的必然產物。它既是人類生育繁衍的一種本能，又是人們從事社會活動情感的寄托，是人類獲得幸福和歡樂的精神源泉。和諧適度的性生活不僅能滿足人們生理上的需要，而且有利於夫妻雙方身心健康，有利於夫妻雙方愛情的不斷昇華，使家庭關係更加和睦、美好和幸福。

曾經有人做過調查，一對恩愛夫妻與體質及生活條件大致相當的鰥夫寡婦相比，前者壽命長於後者。如果是同床異夢，反目成仇，感情破裂的夫妻，則壽命普遍縮短。其中男性大約縮短壽命十二年左右，女性將縮短五～六年。

爲什麼恩愛夫妻能夠長壽？其中不外乎兩點：

第一，恩愛夫妻生活上互相體貼、互相愛護，心理上互相安慰，精神上互爲依托。其二是恩愛夫妻「陰陽」和諧適度的性生活起了積極的作用。和諧適度的性生活能調節緊張的情緒，放鬆緊張的肌體，帶來和睦親切、愉悅和幸福美滿的心境與環境氣氛，從而增進夫妻雙方的身心健康與健美，並且能防止某些疾病的發生。

中國醫學認爲，和諧適度的性愛有益於身心防病保健、祛病延年，使人氣力强盛，精神煥發，筋骨堅韌，甚至有「男致不衰，女除百病」之效。

清朝詩人袁枚在其《小倉山房文集》中載有：商人汪令聞，患病之後請名醫徐靈胎診治，徐靈胎「望聞問切」之後竟然不開方帖，只囑其回家與妻子「陰陽交媾」。商人不信，以爲自己經商在外，無慾則剛，正好蓄養精神而祛病。徐靈胎勸他回去試試也無妨。

商人抱著「試試」的心理回家，果然不出名醫所料，幾天之後商人嚴重的張口喘氣、心煩自汗、徹夜不眠等「陽盛灼陰」症狀不藥而癒。而在比這早許多年的《史記・倉公傳》中也載有濟比王的侍者韓女患腰背痛病，月經不調，該下而不下。

倉公說：「病得之欲男子而不可得也。」說韓女欲與男子交歡，因未能得到而患此病。此類現象，古代醫學家曾根據中國醫學理論予以闡釋。

隱居終南山修道的醫學家陶弘景在《養性延命錄》中指出「陰陽不交傷人」。醫聖孫思邈說：「男不可無女，女不可無男，無女則意動，意動則神勞，神勞則損壽。」其意思就是禁慾不但不能健身養神，反而還會導致勞神致病，縮短人的壽命。

與古人的記載和理論闡釋相比，現代醫學揭示的健身與性愛的關係，則更具有科學根據和說服力。現代醫學研究表明，在男女交合過程中，由於性激素濃度增加，體內血流加快，血管明顯擴張，心跳加快，心率每分鐘平均達到一〇〇～一七五次，肌肉緊張收縮，呼吸加深加快。還由於乳頭結構內肌纖維不自主地收縮，女性的乳房體積比平時增大二十～二五%左右。

對交合者而言，這相當於做了一次中等强度的健身健美操。同時，交合過程中輕柔的撫摸、熱烈的接吻、有力的擁抱以及甜蜜的話語，也使人如沐春風，身心激蕩，得到一種精神完全放鬆的享受。

這一切對保持身體健美都是有益無害的。

再比如，性生活能緩解女青年多發的「經前綜合症」。許多女青年每次月經前有全身疲軟乏力、乳房脹痛、煩躁憂鬱、頭痛失眠和腹脹、浮腫等症狀，而婚後症狀減輕或逐漸消失。現代醫學認爲「經前綜合症」與體內前列腺素的過量有關，而男子精液中含有能夠中和這種激素的成分。同樣，因內分泌紊亂導致月經不調者，和諧適度的性愛能刺激卵巢及腎上腺分泌較多的雌激素，使月經趨向正常；這種作用還使得婦女絶經期和更年期的種種不適症大大輕減。

夫妻正常的性生活，使妻子生殖器感染發炎的機會減少。而無性生活機會和性生活少的中老年婦女的婦科病發病率較高，其中原因之一是因爲精液中含有一種能與青黴素媲美的「精液胞漿素」，精液胞漿素能阻止細菌遺傳物質的合成，從而抑制細菌的生長繁殖。

實驗證明，精液胞漿素能殺滅葡萄球菌和鏈球菌等致病菌。故此，每周有一兩次丈夫的精液射入陰道子宮能起消毒殺菌作用。此外，性愛的刺激和妻子體內激素分泌的增加將促進乳房發育之豐滿，也使妻子體毛變疏、減少，皮膚變得細膩柔潤，從而增加女性的魅力和健美。另外，性生活能調節丈夫的內分泌，並使之維持正常功能活動。例如，前列腺是男子分泌精液的器官，如不發揮其功能則會栓塞不通，患前列腺癌的機會將大大增加。

禁慾僧侶前列腺癌的發病率最高就是證明。與此同時，性興奮對丈夫的神經系統、血液循環、消化功能也大有裨益，而且還能使腎上腺、性腺退化速度減慢。性壓抑的男子則容易誘發神經官能症、冠心病和潰瘍病。

事實上，那些性要求被壓抑或被剝奪、終生不能過正常性生活的人，不僅很少長壽（據統計，修士、和尚、太監以及終生「守節」的「貞婦」們的平均壽命僅及常人平均壽命的三分之二稍强），而且大多雙目無神，肌肉鬆弛，體型或肥胖過度，或枯瘦如柴。這說明禁慾不僅是對健康的一種摧殘，也是對人體健美的一種戕害。

性肌肉，也被稱爲「愛之肌肉」。是指人體性感區和生殖器部位的肌肉，主要分布在乳房（胸部）、腰部、腹部、臀部、大腿根內側、整個會陰區和肛門部位的表層與深層肌肉。性肌肉和人體其它器官一樣，也有「用進廢退」的規律，也就像身體其它部位的肌肉一樣，如若不去强健它，無論是丈夫或是妻子，性肌肉組織也會變得薄弱、鬆弛以至萎縮。而性生活是一項全身性的需要體力和耐力的活動。

衰弱的或緊張過度的性肌肉都會限制强健活躍的盆腔運動，會使整個性感區表皮軟化，並且阻礙性生理功能，甚至影響夫妻情感的流露，這對於性感區健美和性器官的健康以及夫妻性生活十分不利。

所以，性肌肉像任何肌肉一樣，它也需要保持強健。本書介紹的「性活力強健法」是改變所有這些性愛不良狀況的「妙法」，對夫妻健康、和諧的性生活同樣重要。你的性肌肉越強健，你的性生活就會越愉快

性生活帶給我們的快樂，使我們感到身體健康，心理的刺激也使我們保持最佳的狀態。我們生活中的性愛活動也是健身運動的一種良好方式。我們要揭開健身與性愛那層高深莫測的神秘面紗，向人們展示一個奇妙的健身美體、性愛健康的世界。

第二章　健身運動與性愛生活

健身，即以强身健體爲目的而進行的一切體力活動，都可以稱之爲健身運動。隨著人類社會的發展，人類文明的進步，健身運動已成爲一種有目的、有組織、有計劃地促進身心全面發展、增强體質、健美體型、延緩衰老、豐富性生活、强化性功能、提高性慾望、獲得性快感的一種最佳手段。

(一)、運動與性意識

健身運動所塑造的對象是人體，所以便引發出來一個與人體健美有關的心理問題——性意識。人類的性意識異常朦朧且又非常强大，它不僅是人們從事健身運動的驅動力量，而且還構成了種族進化的一種動力基礎。現在我們基本上可以肯定，推動人們進行人體修飾、化妝打扮的心理力量，主要來自人們本能的性意識，儘管人們常常意識不到。健身運動與其他人體修飾（髮式、美容、整形）有一個共同特徵，即力圖使自己的身材、容貌、線條、力度更漂亮、更標緻、更瀟灑、更性感，一言以蔽之，就是更具魅力。

那麼，這種魅力乂是取悅於誰呢？人體美學特別是原始文化研究認爲，其原始含義就是想以自己健美的身軀獲得異性的好感和青睞，進而獲得交偶、生育的權力與機會，從而保證種族的延綿不斷。

鳥類是以其豔麗的羽毛，獸類是以其矯健的身軀來吸引異性的。人類也不例外，男女雙方都有吸引對方的本能要求，在人類的擇偶現象中，女性無不願選擇健壯、俊美、高大的男性爲偶，而男性無不願選擇美貌、年輕、健康的女性爲伴侶。爲了能被異性所注意，男女雙方有意無意地便在其原有天生的質料基礎上進行技術性修飾。除了服飾、化妝等修飾外，人體肌肉的修飾即健身運動，便成人類一種有目的、有意識的文化活動。這種人體肌肉修飾的動力基礎，就是我們所說的人類性意識。可以肯定，如果世界上沒有性別劃分，人間也沒有男女之分，那麼，一切修飾、一切健身運動便失去了存在的意義。

換言之，這類活動既不可能產生，又不可能發展。正是由於越發展自身的軀體和容貌，越符合生物進化原理，並能滿足人們的擇偶心理，因此，人們便在日常生活中選擇一切有利於進化的活動，來滿足本能的進化願望，健身運動即是其中之一。

(二)、運動與性愛

健身運動對於性愛生活有什麼影響呢?這裡介紹一對恩愛夫妻發自肺腑的回答：運動是性愛生活美好的靈丹。

湯姆和蘇珊都已經是四十多歲的人了，他們結婚也已有十七年。但是，在參加晚會的時候，他們喜歡挽手碰肩和相互擁抱。他們的「身體語」表明，他們仍是一對感情强烈的戀人，而不是已經結婚多年有三個孩子的「老夫老妻」。

十二年前，他們的婚姻雖然牢固，但雙方都已長期感到淡而乏味；性生活雖令人神往，但總是刻板舊套，毫無新鮮感。當他們的第二個孩子出生以後，由於孕育期的肥胖，蘇珊便開始實施一套健身運動計劃。不久，她的身體變苗條了，隨之她感到自己變得更加精力旺盛，更富有迷人的魅力。

她的變化給湯姆留下了深刻的印象，於是湯姆也開始參加健身跑等户外運動，並訂定了鍛鍊計劃。鍛鍊的結果，使他減輕了六十磅（約二十七公斤）體重。現在，健身運動已成爲他們夫妻倆最喜愛的業餘活動。他們在受益於運動而增强體質、提高身體素質和去脂減重、健美體形的同時，還意外地發現運動能增加性愛生活的浪漫情趣。正如蘇珊所說：「我們的性愛生活煥然一新！」可見，他們的性愛生活已具有「嶄新」的概念。

常識告訴我們，當你精神飽滿、身强體健、具有引人注目的魅力時，會增加親密的需要，肌膚相親也更具誘惑力。

專家指出，健身運動所引起的一系列生理變化爲「重歸浪漫的魚水之歡」提供了合理的解釋，足以説明隨著適當的健身運動而產生「性慾第二次高潮期」的原因。當你處於健康佳態時，全身各系統運轉協調，令你精力旺盛。

愈來愈多的研究與調查證實了「運動與性愛」之間的聯繫，表明健身運動能使性生活的質量顯著改觀。美國加州心理學家琳達·維萊斯對某婦女健康雜誌一組問題的二千餘份答卷進行分析後發現，參加健身運動的婦女中八三%的人每週性生活在三次以上；四○%的婦女說，與健身運動計劃開始之前的感覺相比，運動之後她們的性慾更易被激起；三一%的婦女希望更經常地過性生活；二五%的婦女更容易達到性高潮。

幾乎所有的健身運動都能增進房事，都對夫妻之間的性愛有益。

在一九八八年的一次民意測驗中，六六%的跑步愛好者聲稱，跑步運動使他們夫妻感情更深、情意更繾綣、房事更浪漫。最爲重要的是，健身運動可以使你在一生中得到好處，只要你運動，你就會從生命中取得更多。人類學家菲利普·惠頓，對哈佛大學的中年游泳愛好者進行了調查之後說：「經常參加健身運動的中年夫婦的性生活不亞於青年人。他們的性生活質量類似於許多人在二十五～三十歲以及三十～三十五歲時的性生活質量。」

無庸贅言，健身運動與性愛生活的相互作用是顯而易見的。只要參加適當的健身運動鍛鍊，就可以創造健康健美的身體，增強性慾，改善房事。但是健身運動的量並非越大越好，適度即可。

對於運動員，應當理智地、科學地安排性生活的頻度，利用「性效應」提高運動成績。而在一般家庭的夫妻生活中，運動量必須適度，合理的運動量才能帶來性愛生活的改善，過於嚴格、劇烈的運動則會造成疲勞與性需要的抑制。所以，運動量「適度」的標準需因人而異，量情而行。只有這樣，才能使你精力充沛，自我感覺良好，並使你享受到高質量的性生活。

(三)、運動能力與性生活

一次，有位記者在美國橄欖球比賽之前對橄欖球明星艾爾威進行採訪，其中詢問他在比賽前夕有無過性生活，艾爾威笑著說：「我的態度是比賽第一，之後便……」。多年來，人們的傳統觀念認爲，性生活會導致體力減退，所以教練員一直告誡自己的運動員在比賽之前（有時甚至早在幾個星期之前）避免性生活，以保持體力，集中注意力。

一九八七年，智利西班牙人聯盟足球隊教練（原智利國家足球隊教練）路易斯·桑地瓦涅斯爲了確保比賽，對全隊採取了異常嚴厲的管理措施，一次比賽的前三天，恰逢該隊一名中場隊員羅斯蒂新婚，他請求回家成婚，結果這位教練規定他在新婚之夜必須返回隊裡，不准在家度過，以免影響即將到來的比賽。

當今世界體壇，有不少著名運動員儘管已經結婚成家，但仍在運動場上拼搏，並取得佳績，也有一些西方運動員甚爲「開放」，如阿根廷足球運動員馬拉度納、澳大利亞網球名將卡什等，尚未結婚便已和女友同居，並生了孩子。這就給人們帶來了個困惑：全世界各種形式的比賽每年數以萬計，性生活到底對運動員的比賽存在什麼影響呢？性生活是否真的如常人所認爲的那樣，會影響運動成績？

國外有人對此進行過研究。最新的研究結果表示，一味地禁止運動員賽前性生活，是缺乏科學根據的。

美國科羅拉多州大學的運動專家，對十名健康的運動員組成的觀察組進行試驗，方法是在性生活後的當天早晨檢測若干數值，同時對他們進行五天禁慾後再檢測同樣的項目進行比較。檢測包括敏捷性、反應速度、耐力和攝氧能力等七個與運動成績密切相關的項目，最後得到的結論是運動員在賽前有無性生活，對運動成績沒有產生明顯影響。同時，運動專家指出，雖然此研究僅限於對男運動員的觀察，但這個結論亦適用於女運動員。

與此結論相似，日內瓦醫科大學的研究人員挑選了十六名高水平的運動員作實驗，他們大部份是從事橄欖球、自行車、曲棍球、舉重和長跑等項目的職業運動員，平均年齡二十九歲。經過測試得到了一個肯定的結論：準備參加比賽的運動員，完全沒有必要擔心影響運動成績而長時間地禁止性生活。

因爲，實驗結果顯示，無論是在訓練時，還是在休息時，從被試者的最高心率、最低心率、平均心律、血壓或血液中睪丸酮的含量來看，沒有任何理由可以說性生活會給運動成績帶來不良影響。

意大利專家伊基諾·特爾茨認爲，縱慾或性生活過頻是有害的，而正當的性生活可以保證運動員生理上和心理上的平衡，因爲正常的性生活是感情和性衝動的產物，如果禁止性生活，雖然可以避免運動員的體力有下降的可能，但有時也會造成運動員一時心理上的紊亂。

日內瓦醫科大學的查日澤爾博士也指出，在比賽前十時停止性生活就不會給運動員帶來任何問題。實驗證明，對於參加比賽的運動員，無須在比賽前的幾週內或更長時期內禁止性生活，只有在運動前幾個小時有過性生活的運動員，才會出現心率稍有加快的現象，而心率加快則會影響運動員的持久力，所以有人提出，比賽的前一天最好不過性生活，因爲消耗的能量會影響肌肉功能的正常發揮。

美國著名專家金塞伊認爲，十八～二十五歲的美國人，每週應過二～三次性生活。而意大利的伊基諾·特爾莰也認爲，參加足球比賽的職業運動員，每週最好過兩次性生活，而且最好集中在比賽後的第二天和第三天。因爲經過一天休息，比賽後的疲勞和緊張會消除大半，人體的生理和心理會處於較好的狀態。此外，性生活後也有足夠的時間休息，可以迎接新的比賽，這樣可形成一個良性循環。

著名教練里列拉談到，尤文圖斯隊的足球運動員在每次重大比賽前不狂妄從事，而是跟心愛的女友在一起。一九七六年奧運會冠軍意大利體操運動員多娜捷拉認爲，比賽前的性接觸是最好的放鬆辦法。一九八八年漢城奧運會的女英雄格里菲斯說：「我跟丈夫在漢城度過夜晚，就像在洛杉磯的家裡，清淡的晚餐、看電視節目、放縱情愛，然後甜甜地睡上一覺。因此，比賽時我從不感覺緊張。」更有甚者，建議允許和鼓勵運動員帶著自己的妻子或愛侶參加訓練和比賽，認爲這樣做有利於運動員更好地表現自己，發揮出其本身潛在的運動能力，取得比以往更好的運動成績。

總之，對於性生活和運動能力的關係，不管有何種說法，有一點已得到大多數專家的肯定，即正常的性生活不會影響運動員的運動能力，當然也包括普通健身運動愛好者。

(四)、運動對性生活的價值

1.運動能使你爲自己的身體健康和體形健美感到自豪，同時會使你的愛人不受約束並使其得到滿足。你同愛人就會把各自更强烈的情愛傾注給對方。

2.運動能減輕精神壓力，使你感到比較放鬆並能夠在性交時表現出你的熱情。

3.運動能使你重新喚起已經消沉了的身體，發現自己還是一個有性能力的人。

4.運動能使性激素、氧氣和營養物的供給量增加，有利於强健性愛持久力。

5.運動能增加睪丸素水平，它是促進性慾的激素。

6.運動能使體內產生啡呔，有助於消除憂鬱，改善情緒，增進性興奮，可激發性慾，防止性生活缺乏快感。

7.運動能使高密度脂蛋白膽固醇水平升高，有助於血脈暢通，血流加速，會使陰莖勃起的能力增强。

8.運動能使你的腰腹部肌肉強健有力，可導致性交時不感到疲勞，並且通過不同作愛體式以增進你們夫妻之間的情感交流，豐富性生活。

9.運動能使骨盆肌、陰道區域的全部肌肉收縮，有助於骨盆血管分布的改善，充血量加大，血流速度加快，從而會引起陰道區隆起，血流量越大，觸覺越敏感，盆肌血管分佈的增加會使性交時產生潤滑，並提高性交的質量。

10.運動能使你性交時的性感區肌肉更有力。你越控制這些肌肉，這些肌肉越發敏感，這兩者能導致性生活得到一種快感，使夫妻雙方都十分滿足。

(五)、運動能夠改善性愛生活質量的原因

健身運動影響著你生活中的許多方面，它不僅使你的身體形象重新得到塑造，使其完善、勻稱、更加健美，同時也會減少壓力、心理和生理之間也格外和諧，這將使你成爲生活上有活力、事業上有貢獻的人，並且能改善你性生活的質量。尤其是中老年人，透過健身運動，可獲得「性慾第二春」。那麼，健身運動究竟爲何能夠改善性生活質量與煥發青春呢?大量研究證明，最重要的原因有以下幾種：

1. **親和性**。當你經常進行健身運動鍛鍊而感到自己的身體健康狀況良好時，夫妻之間的親暱行爲會更富於性刺激和性萌動，專家們把不惑之年這種內在的性能力變化稱之爲「生理性慾的第二次高峰」。但這時你已能有節制地運用體力達到親和性。

2. **自愛性**。大多數經常參加健身鍛鍊的男性和女性，不僅有健康的身體，而且有一個令人羨慕的優美體形。「當你開始關心你的形體美時，你會更加喜歡自己。也就多有對應美的流動——性慾」。美國卡羅萊納州立大學生理訓練教授羅恩·卡登說：「美的體形表明你的身體各個系統的運行也處於良好狀態。」因此你的性生活能力、節奏和頻度正常，而且心理意向及效果也是美好的。這種性動力沒有任何障礙。性治療專家蘇爾特對「性動力」解釋說：「這是因爲一旦你留意自己身材的健美時，你往往會變得更愛自己；當然，性偶因鍛鍊而更健美時，你也會更愛他（她）的，而性生活伴有這種美的流動會更添光彩！」

3. **協調性**。美國著名的運動生理學家勞倫·柯達恩指出，經常參加健身運動鍛鍊帶來的一系列生理變化之所以能引起性生活的「第二春」，是因爲身體各系統功能與感受行爲在夫妻之間更有高層次生理美的「性精力」。這種精力協調了本能的性生活，因爲他倆的性激素與性氣味釋放——性機能發揮——性器官感受——中樞神經受刺激——大腦享受等，都組成一種細而有力度的「美好鏈」。

4. **靈活性**。健身鍛鍊增加了體能與活力。縱然是一些運動量極小的健身鍛鍊，也可明顯增加肌纖維的活力量度、器官的功能和關節的靈活，從而使性動作和性過程充滿了浪漫情趣。

5. **快樂性**。健身鍛鍊改善性生活的又一原因是它能有效地克服抑鬱情緒。鍛鍊時身體會釋放出一種神奇的內啡呔物質。這種「快樂荷爾蒙素」有興奮作用，益於引發性衝動並易於進入性高潮。內分泌專家察•辛弗爾德教授解釋說：「對某些人來說，兩公里的慢跑或同等量運動之後，內啡呔就會起作用，其影響會持續三個小時。因此，夫妻床前做些適量鍛鍊更有必要。」

6. **血氣性**。美國加州大學的詹姆斯•懷特是生理訓練專家，也是研究男性練習打坐（靜功）後果的合作者之一，他說：「血氣性較低者的供血量會減弱男性的勃起功能。」此外，體內膽固醇成分高的人往往血管中血流因堵塞不暢，性區和性器官的血供量受到限制而減少，而供血不足又使男性發生陽痿。而經常參加鍛鍊的人能降低膽固醇水平，增進血液循環，他們中很少會出現動脈栓塞。健身鍛鍊能增加性區與性器官的血通氣暢，因而能「間接」地改善性生活。

7. **能力性**。美國加州的尼査德說：「性愛與性生活過程同樣需要健與美的耐力，而鍛鍊大可增強人的耐力。」即使是較溫和的運動，每周三次，每次一小時，就能增強身體的耐久力和抗疲乏能力，使你在床上更持久、更敏捷、活躍，充滿激情。

8.**自信性**。健美明星琳達的調查報告中表示，夫妻性能力的自信、美感與定期健身鍛鍊呈正比關係。因爲參加健身運動除了能增進心臟等生理機能，還能增强鍛鍊者的自信心。琳達指出，凡參加健身鍛鍊的婦女幾乎異口同聲地說：我們的身心健康來自健身運動，而且在性生活上增强了自信和美好的需求。

㈥、運動中應注意的事項

對參加健身運動的人來說，要想體驗到健身運動的樂趣，嚐到健身運動的甜頭，獲得健身運動的快感，取得健身運動的效果，參加健身運動必須注意科學性。在平時鍛鍊過程中要做到以下幾點：

1.建議你開始做這套「性活力强健法」或其他任何健身健美運動之前，先徵求一下醫生或健身指導專家的意見。

2.如果你從未進行經過常性的鍛鍊，或者有不宜進行某種活動的病史，最好請教醫生和健身專家：這套性活力强健法中哪些練習内容或動作對你最爲適宜。

3.在運動中要永遠保持高昂的情緒和積極的精神狀態。要有堅定的決心和信心，並要有忍受突破身體極限强度的意志。

4.運動時衣著要舒適，應穿較輕、鬆寬的服裝，最好穿運動服，這樣有利於吸汗透氣，不妨礙運動，也不致於過熱或受涼。

5.運動時最好在安靜、寬敞、整潔、光線充足、空氣流通、設施完善的地方進行練習。

6.運動時要了解肌肉群的工作機能，不要因爲別人說某種動作對身體某一部位有好處，就盲目去練習。

7.運動時要穿運動鞋或承受力強的鞋子，這樣有助於消除對腳踝、膝和腰部的震動。

8.運動時要保持正常呼吸，不要屏息斂氣

9.運動過程中轉身改變方向時動作不要太猛，以免頭暈。

10.運動過程中如果感到頭暈或噁心，應停止鍛鍊。

11.開始時動作要緩慢，按規定的次數（或少於規定的次數）進行練習。然後逐漸增加重複次數。

12.鍛鍊前的兩小時內只能適量進食，否則會產生噁心的感覺。

13.每天儘量按時進行練習，以便養成習慣。至於具體安排在什麼時間，這並不重要。只要你自己認爲是最佳鍛鍊時間，並應堅持不懈地鍛鍊，就會收到效果。

14.不能期望自己每天都有同樣的體力和精力。經過一段時期的鍛鍊，你會逐漸接近這些目標。

15.不要操練過度，一感到疲勞即應停止鍛鍊，别把自己搞得精疲力竭，損傷身體。

16.在運動的整個過程中，要不時地診脈檢測心臟活動情況。密切注意是否有勞累、緊張或損傷的跡象出現。

17.剛開始進行鍛鍊，產生酸痛不適之感是正常的，這是因爲你在用自己的肌肉，還說明在過去相當一段時間內，你都未認真進行過鍛鍊。

18.運動姿勢非常重要，盡量嚴格按規定的姿勢進行練習。

19.在練習過程中，意念應完全集中在所練的部位，並通過意念感知肌肉運動，控制身體姿勢，以及用力順序、方向、角度和速度。必須全神貫注，做到「念動」結合。

20.在地板上做操時，要使用墊子、厚地毯或折疊成多層的毛巾毯，以避免碰傷尾骨。

21.在做某動作時要注意腳掌著地，而不是腳尖著地。這樣做是爲了調節並延伸膕窩的膕繩肌，也爲了强健跟腱的拉力。

22.在做某些動作時要求雙手交叉相握按於腦後（而不是置於頸後）。這樣做是爲了防止頭部上下晃動，而頭部晃動會給頸部帶來過度的壓力。

23.如果可能的話（假如你對音樂反應敏感），每當練習時要放音樂！音樂的韻律節拍能幫助你維持正在進行的練習，激厲你盡力完成正在執行的鍛鍊計劃，並幫助你履行那些枯燥的練習程序，選擇你所喜愛的音樂吧！它將使你在鍛鍊中更加愉快，更有興趣，並且使你有一種飄飄然的感覺。

24.要學會觀察自己的真正方法。裸體照鏡子進行鍛鍊是最好的方法。顯然，如果在辦公室或健身房裡執行鍛鍊計劃，脱掉外衣既不方便也不適宜。但若在家裡練習那最好裸體（僅穿乳罩和緊身短襯褲），面對鏡子不要讓自己在緊身服裡隱藏起來，應該看到每塊肌肉、每寸皮膚及試圖透過運動所要增加的肌肉隆起部位，以及每個部位上累贅下垂和一切額外的脂肪。有些練習內容可以在鏡子前進行，這樣可以學會觀察自己正在作功的肌肉。身體正在怎樣運動，身體姿勢正發生著什麼變化。讓我們面對鏡子，它是不會説謊的，它能反映出你身體外形的一切。

25.夫妻進行運動鍛鍊增加性慾，除了做這套性活力强健法外，盡可能多參加一些具娛樂性及夫妻雙方喜歡的健身運動，如游泳、散步、跳舞、騎自行車、打桌球等活動。

26.夫妻雙方注意鍛鍊身體的性感部位。鍛鍊可以喚醒性感部位，它可以使人們以前沒有注意到的身體部位興奮起來。

27.如果夫妻在一起的時間有限，那麼就要爭取和對方一起鍛鍊。共同鍛鍊可以激發情慾，鍛鍊時夫妻之間不要相互競賽。

28.不要期望立即得到滿足。爲了享受生活的樂趣——包括性生活，夫妻雙方要留意各種有益身心健康和性區健美的基本原則，循序漸進。

29.要有豐富的營養學知識，保證營養全面均衡的健康食譜。這不僅要求你要多看書，更重要的是要觀察吃某類食物在你身體上的反應：什麼食品使你精力充沛；什麼食品使你感到壓抑；什麼食物能很容易地讓你增加體重；什麼食物讓你感到疲倦。

30.要有充分的睡眠和休息。適量的睡眠和休息是健身運動恢復手段的重要環節，而超量恢復是獲得健身運動最佳效果和保持身心最佳狀態的前提。要保證每晚有八～九個小時的睡眠。在下個運動前要有二小時的午睡時間。另外，也不要去做花費精力太多的其它活動。

38 性活力強健法

第三章　性活力強健法——

豐富性生活、強化性功能、提高性慾望、獲得性快感的最佳健身運動

㈠、傳統性活力強健法

1.回春功

回春功是華山派全真道教長壽秘功的第一勢，因其有回春之力，故名回春功。又因練功意在服氣養腎，所以又稱「服氣養腎悠功」。男練此功，俗稱「悠腎囊功」；女練此功，俗稱「順陰功」。

中國醫學認爲，人的健美與腎休戚相關。正如《素問·上古天真論》說：「女子七歲，腎氣盛，齒更髮長。……四七，筋骨堅，長髮極，身體盛壯。五七，陽明脈衰，面始焦，髮始墮。六七，三陽脈衰於上，面皆焦，髮始白。……丈夫八歲，腎氣實，髮長齒更。……三八，腎氣平均，筋骨勁强，故真牙而長極。……五八，腎氣衰，髮墮齒槁。六八，陽氣衰竭於上，面焦，髮鬢斑白。……八八，則齒髮去。」而回春功恰是注重於「養腎」，所以它能健身美體，延緩衰老是不言而喻的。

回春功的練習過程中，採取了全身抖動的獨特運動形式，巧妙地對分泌腺體引起了震動的刺激作用，使其恢復並增進功能，自行調節激素的分泌，從而達到强身治病的目的。所以在抖動之後，會有一種全身舒服、暢快的自我感覺。具體說來，在人體內各種激素中，性激素的作用尤其重要，性激素分泌減少或失調，必然會導致陽痿、早泄、前列腺肥大，女性陰道肌肉鬆弛、肥胖或形體衰敗，甚至產生息肉、癌瘤等一系列病症。回春功第一節深呼吸時，男子自然微收腎囊，女子微收子宮的動作；回春功第二節全身抖動時，男子腎囊的前後上下悠動，女子體內震動子宮卵巢；回春功第三節左右轉肩時，男子牽動睪丸，女子摩擦陰道、牽動子宮卵巢等動作對調節性激素的分泌都有重要作用。事實證明，回春功不僅有健身美體作用，而且可以治療性功能減退或失調等病症。

具體練功方法介紹如下：

預備姿勢：全身直立，雙腳併攏，雙臂前伸，手心向上，水平展開呈側平舉，雙臂上引吸氣，提踵。雙臂至頭頂部合掌向下經過腹部分至體側，雙腿分開，兩腳距離與肩同寬，兩臂置於體側，雙手自然下垂，全身肌肉放鬆，目光平視，意念入靜。

第一節：深呼吸。採用腹式呼吸法，先吸氣，後呼氣。吸氣時腳跟提起，小腹鼓起，胸部展開，儘量多吸新鮮空氣，初學者用鼻吸氣，熟練後可用口鼻同時吸，意念吸進天地之精華；呼氣時，小腹微收，兩膝順勢前屈，腳跟落地，使肺部、胃部的濁氣從嘴中排出。連續呼吸十六次。

第二節：全身抖動。深呼吸後，靜立一分鐘，全身放鬆，保持正直，雙臂仍垂於體側，兩膝稍屈，然後使整個身體做上下彈性顫動。此時，男子陰囊在腿根空當中前後微微擺動，女子陰户放鬆，自然啓開。手指略彎，伸直可有脹感。照此抖動一分鐘，約一六四次，做抖動時，雙乳、全身肌肉、牙關和體内臟腑器官皆需有震動感，方爲正確。

第三節：左右轉肩。抖動後休息一分鐘。兩腳同肩寬，平行站立，身體重心放在前腳掌上，雙膝微屈，全身放鬆，嘴自然微微張開，兩臂下垂，頭頸正直，轉動肩頭劃圓。轉肩時，左右肩頭交替進行。肩頭的轉動方向是：先左肩提起，由前向上、向後、向下劃一圓周。與此同時，右肩由後向下，向前，向上劃一圓周。左右兩肩交替協調轉動，每邊八次，共十六次。轉肩時，要用身體帶動肩，用肩帶動臂，使上體不停地扭動，擠壓五臟六腑，以利進真氣排濁氣。

在轉動肩頭過程中，不必主動呼吸，依靠上體的扭動擠壓帶動呼吸。練習一個階段後，在安靜的環境下練功時，會聽到肺部呼吸的呼吸聲，由於做功時腸胃的蠕動，還會打嗝放屁。初練者做轉肩扭動時，要自感柔和適度爲宜，不可用力過大過猛，但轉肩劃圓一定要圓滿。動作熟練後，可逐步將圓盡力劃大。

練功提示：回春功動作並不複雜，但要取得效果，必須堅持動作準確無誤。一般每天可以練二次，每次五～十分鐘，不要超過二十分鐘。初練此功時，由於不習慣或未掌握要領，可能會有某種不適，但只要堅持認真練下去，掌握要領後，便會初見成效，這時會好像有一種魔力吸引你繼續練下去。因爲練功後，你會感到舒服暢快，而不覺疲勞。

回春功的作用在於吐故納新，歸順內臟，暢通氣血，袪邪扶正，增元氣，順天水。學練此功，不但爲做其他功法打下了基礎，而且對治療肩背痛，胃滿腹脹，婦女痛經以至心臟功能減弱，增強體質，提高性機能，減肥健美等均有顯著功效。

2. 回春強精法

回春强精法是我國道教養生長壽術的一個重要功法。它能促進男女的性器官氣血流動活潑，增加性器官的機能，只要練習這些功法，便有恢復和强健性機能之效。

(1)、強化男子性機能法

這裡介紹的功法，有促進男性性器官氣血暢流及性功能旺盛的作用，對强精和回春也相當有效。具體方法如下：

①按摩腳跟部的功法：兩腳貼放於地，腳尖向前，分腿而坐，閉目靜神；摩擦右腳跟部二十～三十次；同樣摩擦左腳跟部二十～三十次。

②按摩內腿的功法：兩腿左右分開，伸直而坐，精神專注；左手疊合於右手之上，以相疊的手掌，揉搓右內側大腿兩三分鐘。揉搓時，要特別注意必須由膝蓋向大腿根部方向拉回，逆向則不生效；調換左右兩手，再以相同方式揉搓內側大腿，時間也是兩三分鐘。

③腰部功法：男性腰部氣血衰弱通常是性機能衰退的原因，所以這種功法不只對性器

官有利，同時也能促進肝臟、腎臟的氣血流動活潑，對恢復和強健性機能功效非常大。

腰部功法之一——抱膝式。兩膝並立而坐；兩手抱住兩膝，向身前用力拉回，使頭部靠近膝蓋；一邊仰頭，一邊緩緩呼吸，反覆做五～十次。

腰部功法之二——仰臥抬身式。仰面向上，閉目而臥，兩手握拳，分別置於左右兩肋；口中呼氣，同時兩掌向下，向前伸直，坐起上半身，再俯身向前，盡量使兩手接近兩腳；呼出氣後，一邊嘴閉以鼻吸氣，一邊向後臥倒上半身，恢復原來姿勢，重複做三次。

④金冷法：此法是向男子性器官上潑水，問題是潑水的部位要正確。也就是說，陰莖下方有一條縫合似的筋，在此部位潑水刺激是金冷法的要點。另外，用冷水、熱水交替潑也是秘訣。練習方法：一隻手扶住陰莖往上輕按，潑熱水三～五次；再同樣潑冷水三～五次。以上重複做五～六次。

⑤強精法：在熱水中伸直兩腿而坐。再以左手覆握整個陰囊；以覆握陰囊的手，輕輕地按揉睪丸五十次左右；若陰莖勃起時，就從澡盆中站起來，用右手掌摩擦尾骶骨附近；要一直摩擦到陰莖不再勃起爲止。

(2)、**強化女子性機能法**

要強化女子性機能，必須使子宮、卵巢、陰道等性器官氣血暢流。以下介紹的幾種功法，均具有這種作用。

①按摩內腿法：張開兩腿，向前伸而坐，輕閉雙眼；右手掌疊於左手掌背上，以左手掌撫摩左大腿內側二～三分鐘；左手掌改置於右手掌掌背上，以右手掌撫摩右大腿內側二～三分鐘。按摩時，必須從膝關節向大腿根部方向拉回，逆向撫摩無效。要每天早晚各做一次，每天能做三～五次，效果更佳。

這種功法和前面介紹的男子「按摩內腿法」的功法基本相同，只是男性和女性功法的順序左右相反，這是因爲男女身體氣血的流向不同之故。練功時，左右的順序務必按照要求去做。

②陰道服氣法：兩腿前伸而坐，緩緩呼氣，同時張開雙臂，向前徐徐伸出；緩緩呼氣，同時向後拉雙肘，拇指握於拳內。置拳於左右兩肋之下，這時要緊縮肛門；當氣憋難耐時，就放鬆肛門，並緩緩呼出氣息，同時伸出兩手。上述練習要連續做三次。但月經期間，避免練功。

③縮緊陰道法（肛門的功法）：兩腳比肩稍寬一些站開；用一手的小指與無名指的指腹，放在尾骨處，上下連續强烈顫動著手指，大約要做一分鐘；再換另一隻手，仍以相同的方式做。這樣左右兩手交互練習。每一分鐘做十次，大約做十分鐘即可。每天要做兩三回。此功法能使肛門肌肉緊縮，陰道自然也會緊縮了。

④子宮的功法：這是促進子宮和卵巢氣血流動活潑的功法。女性每月生理的經血作爲

瘀血排出體外，若氣血流動衰弱，瘀血便不能全部排泄而留在體內。這些毒素在體內逆流，易引起頭痛和生理痛，到了中年，瘀血成了更年期障礙的原因。這種功法不但是更年期障礙的治療法，也是具有決定性的回春功法。具體方法如下：盤腿端坐，先做一次深呼吸；吸氣，兩臂交叉，用力抱住左右膝蓋；暫停呼吸，左右兩手離開膝蓋，兩手重疊在一起，以重疊的雙掌，輕輕拍打左右腹部各兩次，然後口呼氣息。上述練習每天做三～七遍。

練功提示：這種功法，如果在三十五歲開始做，不會有更年期障礙，即使到了五十歲、六十歲，容顏也不會衰老。進入更年期的人，或生理現象已經結束的人，實行這種功法也能使停滯在體內的瘀血排泄出來，對恢復青春效果極大。世上許多人認爲女性生理現象結束表示生理機能終止，這是錯誤的。用子宮的功法促進性器官與全身氣血流動暢通，可使容貌不易衰老，性慾和性快感也不會減退。由於不必擔心懷孕，只要不過度，都能充分享受性生活的樂趣。

⑤坐浴功法：本功法可使女性子宮、卵巢等性器官氣血活潑暢通，而且對於性冷淡症、不孕症、虛冷症以及感冒、發燒等，也有一定的治療效果。具體練習方法如下：在容器中注入能浸到膝蓋以下的熱水，然後泡腳，水的熱度以能忍受爲宜，但要能繼續維持這種溫度，因此需不時添加熱水，兩腳繼續浸泡大約十五分鐘，浸完之後，要用乾毛巾擦乾

雙腳。坐浴結束後，要立即蓋上棉被睡下，如有出汗，應擦乾全身，換上睡衣褲。

3.「男練珠，女練乳」功法

本功法的作用原理是通過按摩外生殖器，促進下丘腦——垂體——性腺系統功能，防止中醫所說的腎氣衰退，因而具有抗衰老和強健性功能的佳效。具體方法如下：

(1)、**「男練珠」法**

①一手將陰莖壓在小腹上，另一手怕打睪丸十八下。換手後重複一遍。

②一手壓住陰莖，繃緊陰囊，另一手順上下方向摩擦睪丸十八次。換手後重複一遍。

③兩手將陰莖、陰囊全部握在掌中，順上下方向揉搓十八次。

④兩手各抓握住一個睪丸，一擒一縱，共十八次。

⑤一手掌心托住陰囊，上下兜動十八次，換手後重複一遍。

⑥一手將陰莖壓在陰囊上，另一手掌上下摩擦陰莖及陰毛十八次。換手後重複一方。

練功提示：睡前練功，手法宜柔，如有睡意，任其睡去。醒後練功，手法可強，振奮精神增其活力。由輕到重，由少到多，全在自己掌握。

(2)、**「女練乳」法**

①以左手拍打右乳房，然後用右手拍打左乳房，各自拍打十八次。

②以左手拇指、食指捏右乳頭，捻轉十八次；再用右手拇指、食指捏左乳頭，捻轉十八次。

③以左手中指肚按揉右乳頭十八次；再以右手中指肚按揉左乳頭十八次。

④以左手掌揉右乳房，左轉九次，右轉九次；再以右手掌揉左乳房，左轉九次，右轉九次。

⑤以左手掌上下摩擦右乳房十八次；再以右手掌上下摩擦左乳房十八次。

⑥以左手拇、食指提起右乳頭，抖動十八次；再以右手拇、食指提起左乳頭，抖動十八次。

⑦左手掌上下搓擦外陰部十八次，左右換手。改側臥，揉尾閭十八次，左右換手。

練功提示：晚上練功前應洗淨雙手、外陰和乳房，次數和方式都不必拘泥，也可創造適合自己的方法，不外拍、揉、捏、按、搓、摩、兜、抓等。練功完畢，可靜息片刻，再入睡或起床，乳房及外生殖器有炎症、腫塊或疼痛時，不宜練此功。病癒後才可練。

此功簡而有效，但需靠日積月累，非一日之功。一般見效於練功三~四個月之間，應持之以恒，不可能一勞永逸。

4. 鐵襠功法

鐵襠功法種類衆多，但都以刺激睪丸爲主。睪丸，古稱腎囊，它能分泌一種睪丸酮，即雄激素或男性荷爾蒙，睪丸酮可刺激雄性附性器官（包括附睪、輸精管、射精管、精囊、前列腺、陰莖等）正常發育，並維持它們於成熟狀態；此外，對男性副性徵的出現和保持具有決定性的作用，同時還有一種重要的代謝作用，即促進肌肉發育等。可見，荷爾蒙對人體健康十分重要，所以有不少病人用荷爾蒙治病，而殊不知只要堅持鍛鍊，增强睪丸生理功能，就可加强自身的荷爾蒙分泌。

當年堅持練鐵襠功，就可以改善睪丸機能，使陰莖等附性器官得到增强，可以强腹健腎，壯陽固精，使性慾容易得到抑制，有助於防治陽痿、早泄等性功能障礙疾病。無病者久練還可常保青春健美，具有抗衰老作用。現將鍛鍊方法介紹如下：

(1)推腹：仰卧，全身放鬆，調勻呼吸，排除雜念，用兩手相疊（左手在下）自劍突部位向恥骨聯合處推摩三十六次。兩手向下推時慢慢呼氣，將真氣送入丹田，意念隨著手掌的推動，體會手下的感應。

(2)分陰陽：仰卧，以兩掌自劍突下向腹兩側分推三十六次。向下分推時慢慢呼氣，注意體會掌下的感應。

(3)按揉：仰卧，兩手相疊（左手在下），在臍部左右旋揉各三十六次，自然呼吸，注意掌下感應。若觸知腹部有硬塊，可按住硬塊久久按揉，並用意向硬塊引氣。

(4)捻陰莖：坐位，以兩手食、中指與拇指對稱在陰莖根部的兩側提起精索，左右捻動各五十次，全身放鬆，自然呼吸，注意兩手捻動精索的感應，以微酸脹、舒適不痛爲準。

(5)揉睪丸：坐位，以右手將陰囊、陰莖一同抓起，虎口朝前，陰莖與睪丸露出在虎口的外面將其根部握緊。先以左手掌心按在左側睪丸上揉五十次；然後換手以同樣的方法揉右側睪丸五十次。自然呼吸，將意念集中在揉睪丸的那隻手心裡。手法要輕柔，睪丸以輕微酸脹、舒適不痛爲準。

(6)搓睪丸：坐位，以兩手食、中指面分別托住同側睪丸的下面，再以拇指按壓其上面，左右搓捻五十次，睪丸以酸脹、舒適不痛爲佳。

(7)頂睪丸：坐位，以兩手食、中指面托住同側睪丸，再以拇指指端將睪丸向腹股溝方向頂上去，然後放下來，共做三次。向上頂時慢慢吸氣，放下時慢慢呼氣，兩腹股溝處有輕微的撐脹感，壓力不可太大。

(8)掛襠：站位，兩腳與肩同寬。將準備好的沙袋和紗布帶放在床上或凳子上，並將紗布帶結一個活扣備用。然後用一手將陰莖和陰囊一同抓起，再將紗布帶的活扣套在陰囊及陰莖的根部托住，鬆緊合適，陰毛留在外面，使紮扣下面的兩條紗布帶等長。最後把沙袋慢慢放下，約離地六厘米，前後擺動五十次。自然呼吸，不可用腹式呼吸，以陰莖與睪丸充血、微酸脹、兩側腹股溝有輕微牽引感而不痛爲準。

⑼捶睪丸：站位，兩腳與肩同寬，兩手握空拳，交替捶打同側睪丸各二十五次。用力要柔和，不可用蠻力捶擊，以酸脹不痛爲準。

⑽捶臀：站位，兩腳與肩同寬。以拳背交替捶擊腰背部同側臀區各五十次。動作要柔和深透，呼吸要自然。

⑾通背：站位，兩腳與肩同寬，兩手握空拳，肩、肘、腕關節放鬆，以腰的力量帶動兩手，一手以拳心捶胸部，一手以拳背同時捶擊背部肩胛骨下方，左右各二十五次。

⑿扭膝：兩腳併立，以手掌按膝上，左右旋扭各二十五次。

⒀滾棍：坐位，兩足尖踏在圓木棍上，前後滾動五十次。

⒁收功：兩手自然放在大腿上面。靜坐片刻，搓搓臉和手，站起來自由活動一下，即可收功。

練功提示：

⑴最好在氣功師、醫師或有經驗的人指導下練功，切忌急於求成。爲醫病，練功過程中禁止性生活；爲保健，要節制房事。陰部手術疤痕、輸精管結紮、陰部嚴重靜脈曲張、下腹部手術疤痕掛襠疼痛，以及急性睪丸炎、附睪炎等不宜練本功。

⑵陰部要常洗，兩手要保持潔淨，以免易引起炎症。練功時如果陰莖勃起，可不加理會。

(3)練功前排除大小便。每天練功一～二次，練功以輕鬆舒適爲度。初練時，腹股溝、睪丸微有脹感是正常現象，一般六、七天後即消失。如反應嚴重，可減少練功次數。

(4)練此功時最好同時堅持練健身長跑、游泳、球類和器材健美鍛鍊等健身運動項目。

(5)準備沙袋、紗布帶、圓木棍等用具。沙袋：長二十公分，寬十七公分的布袋，裝入沙子一・二五公斤，將口紮緊。紗布帶：長八十五公分，寬三十三公分，將兩端縫在一起，使之成環形。圓木棍：長五十五公分，直徑五公分。

5. 固精四法

精乃人體中一種極重要的物質。中醫認爲：腎藏精，主骨生髓，腦爲髓之海。由此看來，精、髓、腦是一致的。可以換句話說，固精即可健腦，健腦則可益智、可美容。此處說的固精是針對遺精、滑精而言。

(1)、小便時固精法

每次小便時，深吸一口氣入丹田，憋住這口氣，並用意念引導，將此氣引至會陰部，經尾閭（脊柱最末端，近肛門處），至命門，在命門處稍停一下，再沿督脈上達百會（頭頂正中），守住百會穴位後，想著此穴有一汪清水，而後小便。便後，將憋住的氣緩慢呼出，並將百會穴的那汪清水，用意隨息引歸丹田處，意守丹田約半分鐘。

(2)、臥式固精法

睡前或起床前，仰臥床上，頭枕略高，兩腿伸直，腳跟靠攏，兩手置於兩胯旁，姿勢自然、舒適，兩眼輕閉，舌尖舐上顎，閉口，摒除雜念。先呼一口氣，將肛門一提一縮，同時小腹內收後貼；吸氣時用意念引氣上行，由尾閭沿脊柱直達腦後玉枕，這時用眼往上一瞟，令氣經過頭頂，置於兩眉中間，稍停。隨著呼氣，用意念引氣下行，連同口中津液，緩緩咽下，送至丹田，全身放鬆，特別是手腳放鬆舒展，此種下行意念不能太強烈，否則難以見功，以上爲一周，再周而復始，大約半小時左右，以不疲勞爲度。練畢緩緩坐起，兩手掌相搓，待掌心發熱，用手搓面部數次，再交叉搓兩足心。，直到發熱爲度。練功期間，最好不要吃刺激性食物及興奮作用的藥物，禁止性生活。

(3)、練精化氣法

睡前或早起，或正當陽舉之時練之。坐、臥均可，首先全身放鬆，雙眼微閉，內視內腎與外腎，片刻後用兩食指塞住左右兩耳孔，不漏氣即可。自然呼吸，繼續內視，並靜聽耳內有如風鳴，與自身渾然成一體。再默以心數，以防雜念，數至二〇〇息時，將兩食指拿開，意守丹田片刻，睜開雙眼，擦熱雙掌，搓臉三十下，擦命門三十下，即爲功畢。常習之，真氣足，精神極佳。

(4)、提腎功

此功爲古代養生家練功秘寶，歷來秘而不宣，被蒙上一層神秘色彩，古稱「兜腎囊」。提腎，提的是牛殖器官，它的作用在於影響腎上腺的分泌，而腎上腺的正常分泌對益智、美容、强身美體有重要作用，還可防治性疾病。

練習方法：端坐在凳上，雙腳踏地，腳寬同肩，雙手放大腿上，掌心向上、向下均可。坐時注意不坐滿凳，可坐凳邊。練習數日，熟練後，即可不拘形式，隨時隨地可以練。思想集中於會陰部，隨著呼吸，會陰部一提一放，一緊一鬆，使暗勁往上往裡提縮，如忍小便狀。用順呼吸法，即呼氣時腹部凸出而下放，即一鬆。這樣隨著呼吸，一緊一鬆，反覆進行，熟練後，可不管呼吸，隨時提放、緊鬆，甚至和別人談話時，也可將下部一提一放，一緊一鬆。每次只宜提縮十幾下，最多不超過二十下，再要練，需隔上半小時左右，否則會引起煩惱緊張，故晚上不宜練，以免影響睡眠。

6. 玉莖功法

玉莖功，是圍繞陰莖可自學自練的一種氣功，有强健性活力兼防治陽痿、遺尿、小便無力之功效。其練功步驟和方法如下：

(1)、意守丹田。取站位或仰卧位。調息靜思：將呼吸調整爲吸氣短、呼氣長，時間比爲一比二，並排除一切雜念。然後將意念集中於臍下丹田之中，使丹田有「熱感」爲佳。

(2)、運任督。經第一步之後，以意念取丹田之氣，於前面經臍眼→胸口→喉節→入顱內至頭頂百會穴→頸後→下背部正中線→尾骨→繞肛門→會陰→穿陰囊→至恥骨→回丹田。如此運氣五～七巡。

(3)、繞陰器。取丹田之氣，下運至前後二陰，即陰莖和肛門，使氣圍繞二陰產生熱感。然後用氣發力提肛、縮陰囊、舉陽三個動作同時進行，直至舉陽成功爲止。初練達不到舉陽的程度，不必焦慮。久練，功到自然成。

(4)、擴冠。如果氣運充足，能實現以氣舉陽的功效，然後運氣擴脹玉莖龜頭（擴冠）七～二十一次。無論能否完成舉陽、擴冠功效，均應按如上步驟練習。每日晨起練功一次，每次練習二十～三十分鐘。此外，在午間睡醒後亦可練習。練此功最好在睡一覺醒後練，未經入睡亦可練，但效果不如睡醒後練好。

(5)、截溺。練完以上四個步驟之後，可即去小便。小便時運氣力忍截小便，使正在排解的小便截流不射。排一次尿反覆截射數次，直至尿液排完爲止。

如此五步練習，如能得氣，有氣力提肛、縮陰囊，並能達到舉陽、截尿有力的功效，具有明顯的防治陽痿、遺尿、小便無力等效果。此外，亦有助於防止早洩，有利於主動控制大妻性愛生活。氣功可使玉莖勃起挺起，擴冠功力可豐富性生活、強健性活力。

練習此功關鍵要排除思想雜念，尤其要無性慾之念。因意想性事之舉陽，非本功的功力，即非真功。睡後勃起，要待玉莖萎軟後再練習。只有經過練功後達到的舉陽、擴冠、截溺功力，才是真正的功力。

7. 壯陽固精功法

久習壯陽固精功法，能使腎氣旺盛、精力充沛、步履輕靈、動作敏捷，可治療腎虛畏寒、陽痿早洩、尿頻腰酸，對失眠、健忘、多夢等症也有一定的治療作用。具體方法如下：

(1)、搓湧泉：盤膝而坐，雙手搓熱後，手掌緊貼腳面，從趾跟處沿踝關節至三陰交一線，往返摩擦二十～三十次。然後兩手分別搓湧泉穴八十一次。要意守湧泉，手法略有節奏感。

(2)、摩腎俞：兩手掌貼於腎俞穴，中指正對命門穴，同時從上向下，從外向裡作環形按摩共三十六次，要意守命門。原有腎虛腰痛等病者，可適當增加按摩次數。

(3)、抖陰囊：後背靠實，取半仰臥姿勢。一手扶陰莖，另一手食、中、無名三指托住陰囊下部，上下抖動一〇〇～二〇〇次，換手再抖動一〇〇～二〇〇次，要意守丹田，逐漸加力，待有一定基礎後，改爲單掌上下拍打陰囊一〇〇～二〇〇次。

(4)、疏任督：一手置會陰穴，另一手小指側放在曲骨穴，兩手同時用力摩擦睪丸、陰莖一〇〇次左右，換手再摩擦一〇〇次左右。要意守丹田，逐漸加力。

(5)、提陽根：一手掌面的勞宮穴貼丹田，另一手握陰莖，向上、下、左、右各提拉一〇〇次，要放鬆意念部位，切忌胡思亂想。

(6)、壯神鞭：兩手掌夾持陰莖（龜頭外露），逐次加力，來回搓動一〇〇～二〇〇次，不能憋氣，如產生衝動時，一手持陰莖，另一手食、中二指壓住會陰穴，收腹提肛（如忍大便狀），並澄清思慮，淨化慾念。待衝動完全消失後，向右側臥休息片刻，或重做五、六節功法，效果更佳。隨著功力的加深，操作時衝動感會自行消失。以上六節功法修習百日後，方可行以下之法。

(7)、固精法：行房中略有排精感時，即暫停房事，提肛收腹，並用意念控制住精液的排出。待衝動緩解後，可繼續從事或酌情停止房事。

練功提示：①此功每日練2～3次爲宜。②不可隨意改變意守部位。③練功前後勿飲涼茶、冷水。練功時小腹不要袒露。④飯後勿練；過度疲勞勿練；情緒受挫時勿練；發熱時勿練。⑤未婚或初婚青年不宜練。⑥此法不能用於避孕。

8. 瑜伽回春強健法

瑜伽起源於印度，是一種具有悠久歷史的傳統養生健身術，在成書於公元前一千六百

～二千年的印度教經典《梨俱吠陀本集》中，即有關於瑜伽的記載。據考古資料證明，瑜伽已有將近五千年的歷史。瑜伽練功方法有數千種，流派衆多，如有智識瑜伽、行爲瑜伽、敬信瑜伽、赫德瑜伽、羅闍瑜伽、孔茶里尼瑜伽等，各流派都有自己的理論和相應的練功方法。自本世紀初，在古典瑜伽的基礎上，又繁衍出一派新的瑜伽術，它以近代體操爲主，適當增加赫德瑜伽中模仿魚、蛇、獅、駱駝等仿生動作，同時兼取羅闍瑜伽調息、靜默等內功功法，形成一種以古典和現代相結合的瑜伽體操。這種把靜功和動功巧妙結合在一起的瑜伽術，具有解除疲勞，放鬆肌體，强身健美和增强性功能排除性障礙的獨特作用。下面介紹四式具有回春强健作用的瑜伽術如下：

(1)、**大漢式**

預備姿勢：雙腳分開，上身保持直立，手臂兩側展開，垂肘，手掌向上平托，手掌高度與肩齊平，手指向外指。

練習步驟：

①轉動右腿向右，同時頭也向右轉；而左腳保持原來的位置，上身略微右轉。

②用鼻子深吸氣，彎曲右腿成弓步，後腿要繃直，努力平衡雙腳上的力量，注意力應集中在右手掌上。

③保持這種姿勢五到十秒鐘。呼氣，還原成預備姿勢，再做。至少要做五次。

④右膝做完五次平衡動作之後，以同樣的方式用左膝做。

功效：這是一個模仿禁慾與獨身的象徵物的式子，能調整性功能，對性功能衰退和性功能紊亂的治療特別有效。由於這是一種平衡的姿勢，所以它不僅能改進人體的平衡機能，還能增強大腦的注意力集中程度，同時可以治療膝關節炎，還能矯正你的不良姿勢，使你的腿部健美。

練功提示：練習中要避免用力過猛，要保持上身直立，通過弓步盡量使身體的重心降低到最低位置，上身要保持直立。右轉向前看時，左腿依然在背後伸直著。

(2)、船式

預備姿勢：腹部貼地平臥，雙臂在身體兩側伸直。一側面頰貼地，兩腿及腳踝併攏，正常呼吸。自膝蓋處彎曲兩腿，腳跟接近臀部。左右兩手分別抓住同側腳踝。如果兩手難以觸到腳踝，可改爲抓住腳趾。然後牢牢抓住腳踝或腳趾，兩膝蓋和腳踝互相靠攏。

練習步驟：

①緩慢而深沉地吸氣，然後屏住呼吸。

②吸氣結束時，頭部抬起並伸直。

③不需停留過久，便開始向後拉動雙腿。後拉時不要過急。做這一動作要注意緩慢、穩妥、柔和。向後拉腿至力所能及的最大限度。這一動作可使胸部、頸部和頭部向上抬。

④目視天空，兩膝蓋併攏貼著地面。注意，不要使膝蓋離開地面。如果可能的話，踝骨也應併攏。屏住呼吸，保持上述姿勢六至八秒鐘。這時你的整個身體的重量都落在肚臍附近，使你的身體像一艘船一樣。

⑤呼氣，與此同時，頭及胸部向地面放下。

⑥頭部接觸地面，用一側面頰貼地，放開腳踝，使其慢慢地還原至地面，手也放鬆貼在地面上。至此，你已完成了一套「船式」。

⑦休息六至八秒鐘，重複一遍上述動作。

功效：這套體式對腎上腺、甲狀旁腺、腦下垂體及性腺都有很好的影響。因爲這套體式能促使這些分泌腺的細胞活動，並正常分泌各自的激素。同時可以强健腹肌、大腿和小腿肌群，以及臂肌和背闊肌，並能減輕整個身體的僵硬狀態和疼痛等不適，它還能治療胃病、增强消化能力，並且有減肥作用。對婦女來說，它能鍛鍊骨盆底的肌肉，對順利分娩極有幫助，並能夠治癒月經不調及生殖器官的疾病。

練功提示：每日練習三～四遍。如果有些練習者感到同時抓住兩腳踝完成這套體式有困難，建議他們在最初數日每遍只抓住一隻腳踝練習，動作全部相同，只是抓住一條腿向後彎屈時，另一條腿應貼在地面不動。

(3)、蛇式

預備姿勢：身體平趴在地上，一側面頰貼地。雙臂肘屈，掌心貼地於體側，指尖與肩對齊。腳跟併攏，腳面繃直，腳趾平貼地面。

正常呼吸。

練習步驟：

①頭部伸直，輕輕向後上方仰起。

②緩緩吸氣，與此同時，頭和胸部向上抬起，肚臍著地，肚臍以上部份離開地面。兩腿用力伸直並緊緊靠攏。

③然後，眼望天空，屏住呼吸六至八秒鐘。

④六至八秒鐘以後，開始呼氣。隨之把頭放下，用一側面頰貼著地面。

⑤身體放鬆，休息六至八秒鐘。

⑥休息後，再重複上述練習。

功效：蛇式能夠使脊柱增加柔韌性，醫治脊椎疾病或背痛，同時，它又能以有效的方法强健胸部、肩部、頸部、面部以及頭部的肌肉，並能增進面部之美，使神經功能提高，恢復人的青春活力。此外，蛇式從內部活動整個腹部，可促進胰臟、肝臟和其它消化器官的活動，使其功能恢復正常，從而强化性功能。

練功提示：每日練習四遍，每遍可反覆練三～七次，也可以只練習一次，但最後一次要保持此姿勢達三十秒鐘至一分鐘，採取自然呼吸。

⑷、犁式

預備姿勢：平躺在地上，身體伸直，全身繃緊，兩腳跟及腳尖均併攏。手掌向下，靠近身體兩側。頭部和頸部伸直。

練習步驟：

①吸氣，同時兩手如棍棒一樣平行向上抬起，雙手伸至頭部前方，手背平行貼著地面。吸氣與抬手要同時進行，當手觸及地面時，開始呼氣。

②雙腿伸直繃緊，腳尖繃直，指向與頭部相反的方向開始吸氣，同時兩腿向上抬起，一直抬至與身體垂直的位置。吸氣與抬腿要同時進行，雙手掌保持原位不動。

③當腿抬至垂直位置時，開始呼氣，同時兩腿舉過頭部下壓，努力使腳趾觸及到頭部上方的地面。接觸點的距離應盡量向前，但要量力而行。停留在力所能及的位置上，身體要保持平穩。呼氣完畢後，保持正常呼吸，直至動作做完。保持這一姿勢八～十秒鐘。

④兩腿放回原處，還原動作要控制進行，兩腿要徐徐緩慢地向地面平放。整個還原動作中，腿和腳趾均要始終繃緊，兩腳應如木棍一樣筆直。當腳跟觸及地面時，雙手就如兩根平行的直棍一般向上抬起，並放回地面，兩手掌貼地。全身放鬆六～八秒，然後按照上述方法再練習一遍，最多練四遍。

功效：犁式有特殊的醫療效果。根據檀德拉瑜伽的觀點，這是一套能夠使人獲得性能力權力的獨特體式。它對人體生殖器官具有滋補强健、增益精力的功效。同時，它還能夠活躍性腺機能，增强性的能力，從而改善和醫治性腺機能衰弱的狀況。由於這些醫療作用，它對男子陽痿、女子性感遲鈍及性能力虛弱等病症，均有最佳療效。

此外，犁式對面部健美十分有益。因爲練習犁式能加速血液循環，使血液集中到人體上部、增加和恢復面部的青春活力。練犁式對治療肥胖也有極佳效果，它可以使人體減肥去脂而不致體質衰弱。通過犁式練習，可以縮小腰圍，强壯消化系統，去掉過多脂肪，强化神經系統，促使人體比例勻稱。練犁式還可以活動每一節脊椎，使脊髓功能能恢復正常，疼痛得到緩解。

練功提示：在練習第②段動作的過程中，腿始終要繃緊，兩腿不得彎曲。腳趾也伸直，手與兩臂貼地也要伸直。

㈡、現代性活力強健法

1. 性感強健法

性感强健法是一種秘密的健身運動方法。它不僅可以健美體型，强化性功能，還可以增强自身的魅力與自信。只要您每天抽出十分鐘，以輕鬆的心情享受這種秘密的性感强健運動，三十天後，您就會變得更健康，更健美，更性感，更有生氣，更有魅力，從而使夫妻性愛生活永遠保持新鮮。

(1)、使您性感而有魅力的妙法

①呈站立姿勢，雙手分別放在胸部的側邊，抵在肋下。踮腳，手肘向後突出，胸部向上挺，雙手向後擺動並伸腰。然後還原。呼吸自然，意念要集中，重複練習二十～三十次(圖1—①②)。

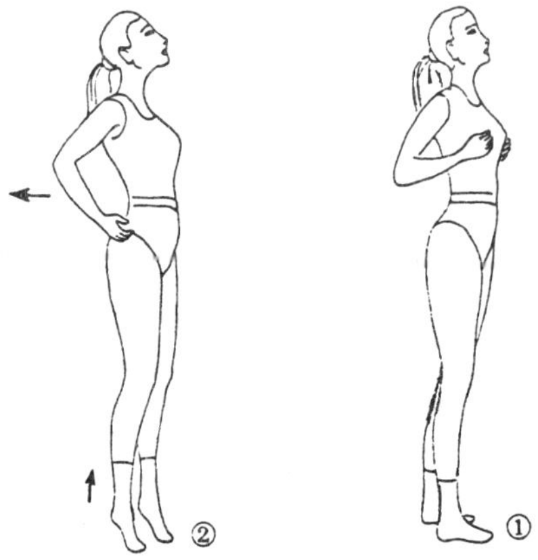

圖 1－①②

用力要點：在下腹、臀部及手臂三個地方用力，收縮肛門和陰道。

功效：強健提肛肌，強化陰道機能，使胸部豐滿、挺拔、性感、體型健美。

②兩腳分開站立，稍寬於肩，兩手按在腰部，然後慢慢地由左向右旋轉腰部(圖2)。一次旋轉三秒鐘，做三十次。稍停，再由右向左慢慢地旋轉腰部三十次。

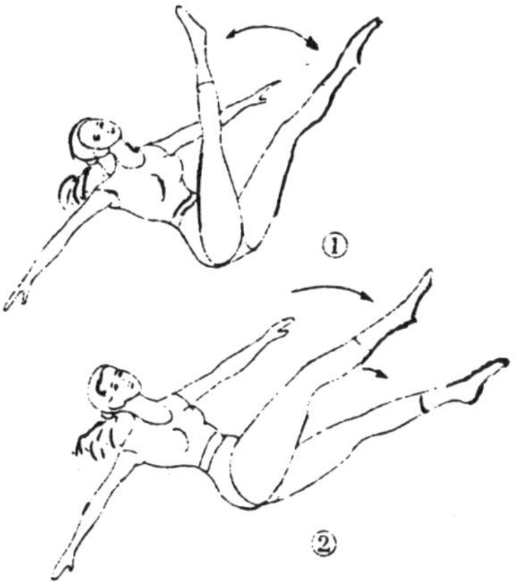

圖 3－①②

圖 2

用力要點：意念集中，臀部向後突出有力地旋轉。

功效：可強健腹直肌、腹外斜肌，消除腹部的贅肉，柔軟腰部，強化內臟的功能，開發性感區。

③仰臥，雙腿繃直且抬高，兩腿分開，保持張開的間隔，兩腿如同劃半圓似的向一邊倒，直到一隻腳觸到地板後，再恢復原狀。一個往復爲一次，共做十五～二十次（圖3—①②）。

用力要點：用雙手固定全身，保持身體平衡，雙腿慢慢地擺動。

功效：從性生活的單純角度來看，女性具有以下五個條件，即可稱爲性感嫵媚。

(a)身體有韌性而柔軟，可以活潑地動作；

圖 4-①②

(b)對愛的反應很敏感，分泌液（也稱「愛液」）豐富；(c)陰部很有緊度；(d)皮膚細嫩有彈性，體態勻稱健美；(e)很體貼男性，有情調。上述運動可以強健腿、腰、腹部的肌力，消除腹部贅肉，創造柔軟的身體，尤其對女性下位作愛時很有用。

④身體橫臥，用手肘支持頭部，彎曲一隻腿的膝蓋，把它拉近到胸部，用膝蓋抵住胸口（圖4—①）。稍停，然後用手拉住屈膝腳的腳踝，一直用力向後拉（圖4—②），保持這個姿勢，從一數到二十，再換腳。左右腳交替練習五~十次。

用力要點：用力拉踝時，身體要盡力向後仰，意念集中在大腿根部和陰部，手臂要伸值用力。

功效：強健下部身體，創造彈簧般柔軟而有韌性的腳、腿、腰部，保持腰、大腿、腳部的曲線美。

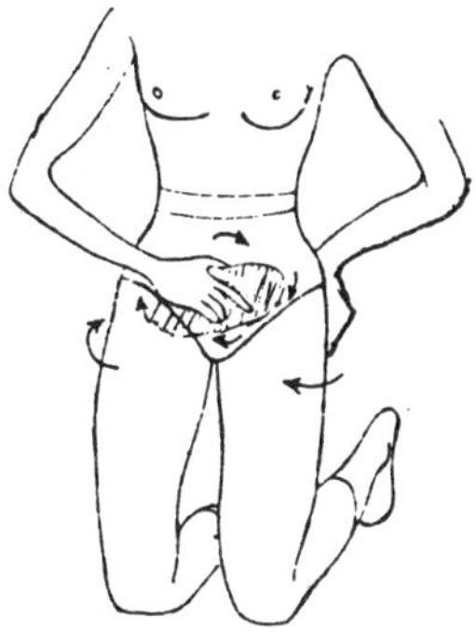

圖 5

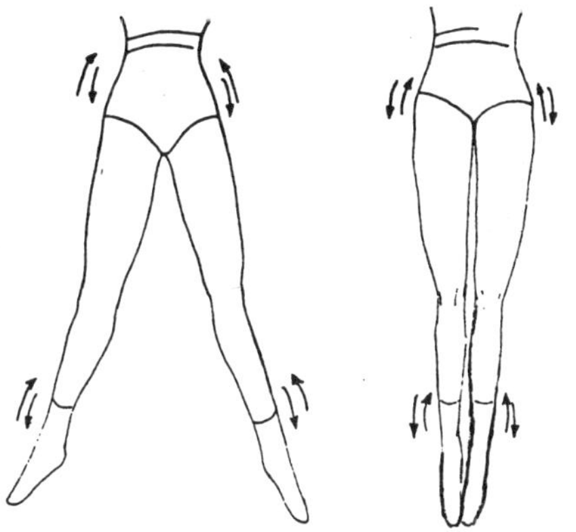

圖 6－①②

⑤跪著或站著，從左向右扭腰。和扭腰同一個方向，以肚臍爲中心用柔軟一點的刷子畫圓似地擦身（圖5）。每扭腰一次用二秒鐘，做二十～三十次。

用力要點：刷子要由軟性的開始用。扭腰和擦身的動作要用力均勻、協調。

功效：可强化內臟、激活性腺，治療月經不調、便秘和消化不良症，使腰部柔軟、纖細。如果入浴後趁身體暖和時做，保證你會擁有健美的身材。

⑥仰臥，雙腿併攏。扭腰，雙腳交替伸直。左右腳反覆運動。習慣後，把兩腳分開再重複練習三十次（圖6—①②）。

用力要點：不要突然扭腰。腰部左、右、上、下慢慢擺動，肛門用力。

功效：可以强健陰道的收縮力，使腰、腳部

柔軟苗條，創造優美的腿部曲線。

(2)、減肥健美增添魅力的妙法

①背部減肥健美妙法

體型健美、富於性感的人，應是身體各部位均發育良好，不僅脊柱、胸廓等骨骼發育正常，而且肌肉也應是豐滿有力。我們常見有些人，特別是瘦長體型的年輕夫婦，他們骨骼發育並非畸形，但體型卻不健美，缺乏性感，原因是忽視了背部肌肉的鍛鍊。因此，不少人常常易在背部，特別是在兩側肩胛骨的下面滋長出過多的脂肪，使背部過於肥厚而失去美感。下面介紹的背部減肥健美妙法，可以增添魅力，强身美體，消除背部的贅肉，具體方法如下：

第一節：跪坐於地，腳尖繃直，臀部放在腳跟上，身體向前傾斜，頭部靠近膝部，兩臂盡力向前伸直緊貼地面，上體向前中速滑伸，呈俯卧姿勢，同時呼氣。用慢速還原成預備姿勢，同時吸氣，重複做十五～二十次。

第二節：預備動作同上。兩手放於背後相握。身體向後仰起、挺胸、抬頭、靜止四～五秒鐘，同時吸氣。身體前傾，收腹，低頭（額部要碰觸雙膝），同時呼氣，重複做十五～二十次。

第三節：俯卧姿勢，兩手背後相握。身體盡力向上抬起，同時抬頭，靜止二～三秒鐘。兩腿伸直，兩腳不可離地，同時吸氣。還原成預備姿勢，同時呼氣，重複做十五～二十次。

第四節：俯卧姿勢，兩臂位於體側，掌心向下。兩腿繃直、併攏，慢慢地向上抬起，上體稍微向後仰，吸氣，還原成預備姿勢，同時呼氣，重複做十五～二十次。

②腰部減肥健美妙法

東方女性對體型的煩惱，第一是「腹部凸出」，第二是「腰圍太粗」。腰部向來被視爲年齡的尺度。腰部增加一厘米，就減少一分青春的熱情及魅力。下面要介紹的是最簡單而有效的減肥健美妙法，它可以强健腰腹肌群，消除腰部的贅肉，使你擁有矯健苗條的細腰，保持青春魅力。具體方法如下：

第一節：兩腿分開自然直立，兩腳距離比肩稍寬，兩手垂於體側。首先，上體儘量向左側屈，左手沿著左腿側面盡力向下伸，直到左手過膝爲止，然後換另一方向，再做一遍，左右交替做二十五～三十次。

第二節：準備姿勢同第一節，上體向右側屈，左手臂上舉貼至耳邊隨身體向右擺動，右手臂屈肘置於腰際向後使勁振動二十次，再換右側做一遍，左右交替做二十次。

第三節：準備姿勢同第一節，上體向右側屈，左手臂上舉，右手臂伸直向體前左側用力擺動，擺至與左肩平，繼續向上環繞至手臂貼左耳。做時要盡力彎腰，左、右交替各做二十五～三十次。注意：身體呈一直線，不許前傾後倒。

第四節：同第一節站立、上體先向前彎，再向右側彎，直到雙手能握住右腳。停留片刻後，右手向上伸直，目視右手，左手按腳不動，數十個數，恢復原姿勢。然後換左側再做一遍，左右交替做二十五～三十次。

第五節：仰臥於地，兩腿併攏，兩膝彎曲，兩臂放在體側。頭慢慢地向上抬起（背稍微離地，但小臂不能離地），直到不能再抬高爲止，停留一分鐘左右放下，反覆進行練習，直到頸與腰部感到酸沉爲止。

第六節：仰臥於地，以頭和腳爲支撐點，盡量向上挺腰、挺胸（身體成拱形），數三十個數，再恢復原狀，休息片刻再做，每天早、晚各做三次。

③腹部減肥健美妙法

腹部是最容易積聚脂肪的部位，表現在體態上則是小腹凸起，很多人雖然已注意合理安排飲食，但腹部脂肪仍有增無減，俗話說「胸宜挺，腹宜收」。要想使腹部健美，必須使腹肌發達，保持一定的緊張度，減少腹部多餘的脂肪，避免形成懸垂腹和大腹便便的狀態，而腹部健美操是最好的腹部減肥健美方法。但是，必須堅持經常鍛鍊，才能保持身體窈窕，曲線優美。具體方法如下：

第一節：仰臥床上，屈兩膝，兩腳掌平放在床上，兩手放在腹部，做深呼吸，吸氣時收縮肚子，呼氣時鼓起肚子，反覆做二十～三十次。然後，將兩手搓熱按摩腹部，直到局部發紅、發熱爲止，每天早晚各練一次。

第二節：平臥，兩腿併攏上舉，腿不得彎曲，腳尖要繃直，兩腿上舉至與身體成九十度角時，停留三～五秒鐘，再恢復原姿勢，重複做二十五～三十次。

第三節：仰臥於床，兩手放在身體兩側，兩腿儘量向上抬，兩腳像踩自行車一樣輪流踩，重複二十五～三十次。

第四節：仰臥於地，手放在身體兩側，兩腿併攏伸直，頭和上身稍抬起再放下，重複做二十五～三十次。

第五節：仰臥於床，身體放平，手放在身體兩側，用腹肌的力量，使身體坐起來，然後兩手觸碰足尖，重複做二十五～三十次。

④臀部減肥健美妙法

臀部也是脂肪容易堆積的部位，如果過度肥胖就會使臀部變形，特別是女性，平時缺乏健身健美鍛鍊，肌肉長期處於鬆弛狀態，不但行動顯得笨拙，而且影響身體的協調和健美。臀部減肥健美妙法能使臀部的肌肉結實、豐滿而又有彈性，同時能夠防止臀部脂肪積聚和臀肌下垂，具體方法如下：

第一節：兩臂支撐於椅背上，兩腿交替向後上方用力擺；或手扶牆，兩腿交替向兩側擺動，重複做二十五～三十次。

第二節：身體呈俯臥狀，兩手握住腳背，儘量地向後挺胸，重複做二十五～三十次。

第三節：兩臂俯撐，兩腿交替向前蹬，並逐漸加快速度，重複做二十五～三十次。

第四節：身體側臥，單手抓住同側的腳面，彎曲兩膝，膝關節儘量向前頂，左右交替做二十五～三十次。

第五節：右腳支撐身體，右手握住左腳儘量上舉，左手臂自然向上伸展，挺胸、抬頭、上體儘量伸展，左右交替做二十五～三十次。

⑤腿部減肥健美妙法

有一雙修長、均勻、健美的腿，不儘運動起來格外輕快有力，而且會給人帶來美感。具體鍛鍊方法如下：

第一節：站立，兩腳同肩寬，腳尖向兩側分開，慢慢地抬起和放下腳跟，重複做二十五～三十次。

第二節：站立，腿併攏，雙手插腰，慢慢地抬踵，然後再慢慢地蹲下。做十次後，放鬆腿部肌肉，重複做三十～四十次。

第三節：蹲立姿勢，兩腿併攏，兩手向前撐地，右腿屈膝前提，向胸前貼近，再換左腿。各踢二十五～三十次。

第四節：反坐在椅子上，兩手用力握住椅背，上身挺直，兩腿伸直向前抬起，然後放下，重複做二十五～三十次。

第五節：兩腳站在五公分高的物體上兩腳跟懸空，兩腿繃直，兩手叉腰，向上提踵；然後腳跟下落到地上，重複做三十～四十次。

第六節：兩臂伸直撐在桌子邊上，兩腳距離同肩寬，腳跟抬起。腳掌沿地面相向滑行，直到兩腳和腿併攏，然後再分開還原。反覆做二十五～三十次。

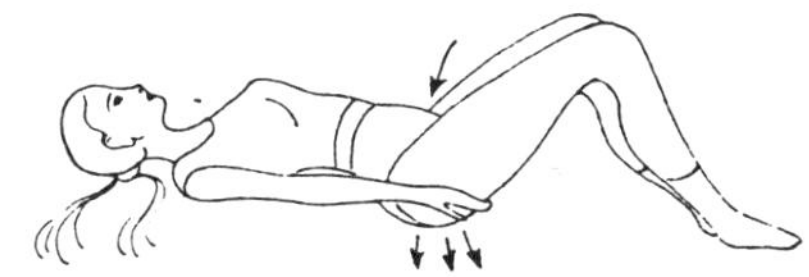

圖 7

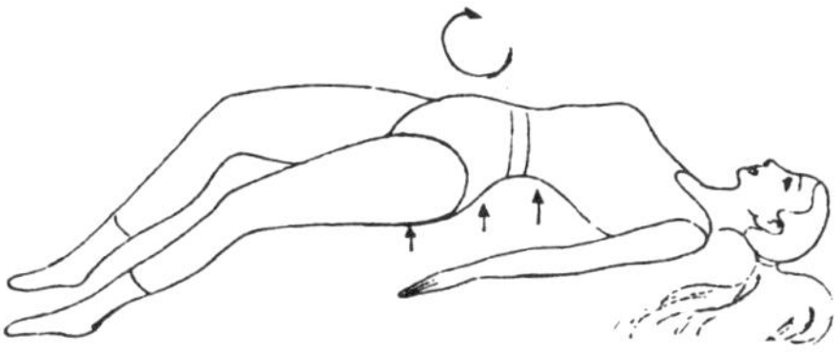

圖 8

(3)、強健正常作愛體位性感區的妙法

①身體仰臥，雙膝屈起分開，上身上抬，保持這個姿勢，從一數到二十，再恢復仰臥姿勢（圖7）。重複八～十次。

功效：改善性機能、縮緊陰部，也可使腰腹部結實變細。陰道鬆弛和腹部贅肉的女子，可做上述動作加以改善。

②仰臥，腰部抬高，用肩膀和雙腳支持身體。腳部以腳跟為軸由左向右扭轉（圖8）。扭轉一周用二秒鐘，轉五～十周就休息一下，

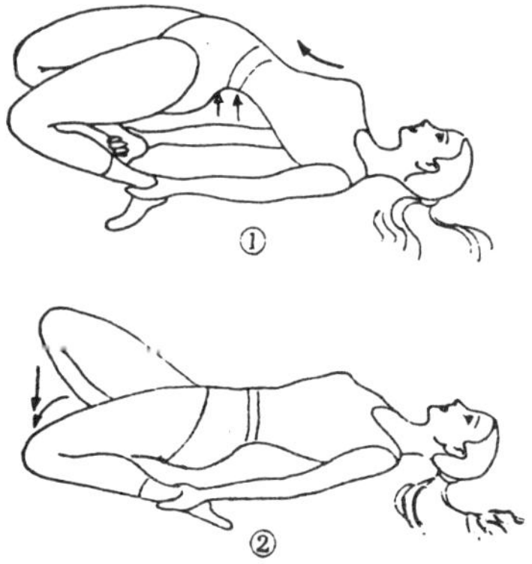

圖 9－①②

圖 10

再由右向左扭轉五～十周，共做五次。

用力要點：扭轉的圓圈直徑約爲二十公分，臀部緊縮，腰腹用力，跟著扭轉。

功效：提高性機能，使腰、腹、臀部強健柔軟有彈性、消除贅肉。對於滿足與充實夫妻性愛生活有幫助。

③身體仰卧，腰部挺高，用雙手分別抓住雙腳踝，左、右交替做膝蓋向內倒的動作，要求做一次一秒鐘，左右重複做二十～三十次（圖9—①②）。

用力要點：身體保持平衡，腰、背、臀、腿用力。

功效：提高陰道括約肌的機能，治療冷感症，開發性感區，強健腰、臀、腿的肌力和曲線美。

④身體仰卧，雙腳抬高，用雙手、肩、

背、頭部支持上身，雙腳在空中交叉（圖10）。保持這個姿勢，從一數到二十，再恢復平卧，反覆做五~七次。

用力要點：用雙手維持平衡，腰腹部肌肉用力，使身體穩定。

功效：改善性機能，使下半身柔軟，強健腰腹肌力量，消除腹部贅肉，尤其對正常體位作愛很有用。

(4)、強健側後作愛體位性感區的妙法

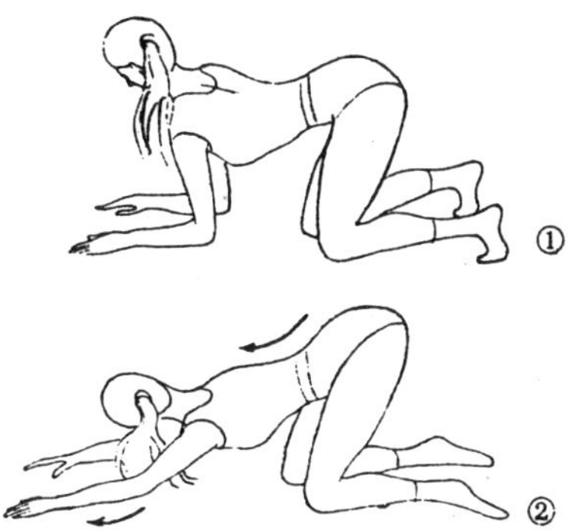

圖 11—①②

首先，雙肘、雙膝觸地趴著，然後雙手向前伸直。反覆練習十五次以上（圖11—①②）。

用力要點：膝蓋要固定，手伸直時，背部用力伸直不可彎曲。把腳踵豎起來更有效。

功效：①提高性機能，強健背肌，消除贅肉。②夫妻雙方都很健康卻不懷孕，那只是機會不佳。排卵期採取容易受精的體位，也是一種方法。後側體位即是一種容易懷孕的體位。因爲女性抬高腰部，頭部降低，陰道口就會朝上，子宮則下降，精液便能充分進入，懷孕率就會提高。

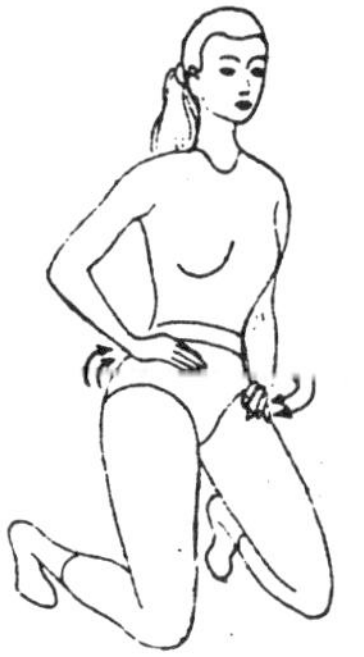

圖 12

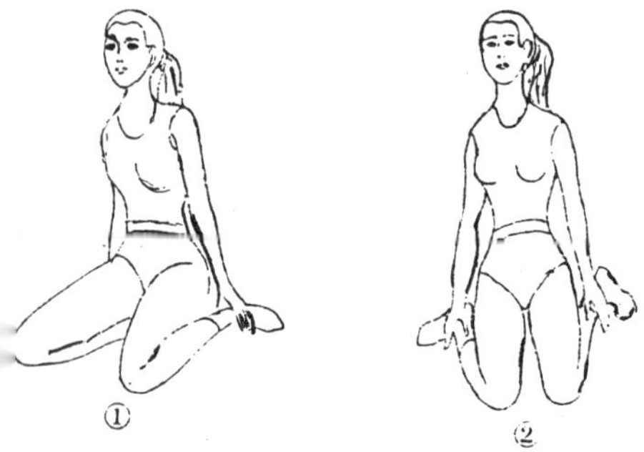

圖 13－①②

(5)、**強健上位作愛體位性感區的妙法**

①跪姿，雙手按在腰部。由左向右慢慢扭轉腰部。轉一周用二秒鐘，做二十～三十周。稍停休息，再由右向左慢慢扭轉腰部二十～三十周，共做三次（圖12）。

用力要點：轉動時臀部要向後用力突出，背部用力伸直不可彎苗。

功效：改善和提高性機能，强健腰腹部肌力，消除身體贅肉，防止下半身鬆弛無力。

②跪於床上，雙膝豎起，踮起雙腳腳尖，手抓住腳踝，把大腿向內側倒（圖13—①②）。這個動作，反覆做十五～二十次。

用力要點：雙手用力固定腳部，扳倒腳時要記住挺胸、收腹、緊腰，意念集中在會陰區。

功效：改善陰道括約肌的機能，强健腰、

腹、腿部的肌力。

跪姿，腳踵豎起，接著上身向後仰，用雙手觸及足踝，再抬起上身向前伸。雙膝張開的間隔，以肩寬爲準，當數一時，上體向後仰，數二時，抬起身體，數三時，上身向前伸。這樣算完成動作一次（用十五秒鐘）。反覆做五～八遍（圖14）。

用力要點：腰腹部用力均勻、協調，要有韻律的連續做。

功效：提高性機能，豐富性生活，消除腹部贅肉與鬆弛，穩定腰部。

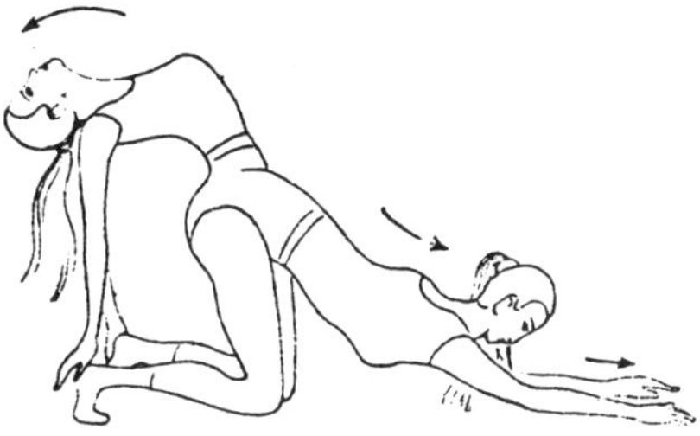

圖 14

2. 性肌肉強健法

性肌肉，也被稱爲「愛之肌肉」。是指人體性感區和生殖器部位的肌肉，主要分布在乳房（胸部）、腹部、腰部、臀部、大腿根內側、整個會陰區和肛門部位的表層與深層肌肉。像任何肌肉一樣，它也需要強健。性肌肉強健法的效果是多方面的，它可以滋養所有組成性生殖器官的組織，增進和加強所有參與性生活的肌肉的力量。

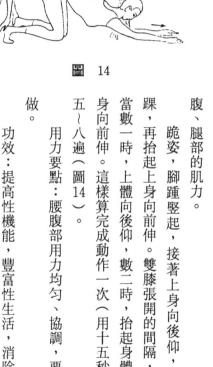

(1)、女子骨盆性肌肉強健法

強健骨盆部位肌肉，提高骨盆肌肉功能的運動十分重要。因爲，男子有尿道和直腸通過骨盆；女子則有尿道、陰道和直腸在內。它們位置鄰近或平行。尿道在前，後面是陰道，再後面是直腸。有兩塊肌肉控制其活動：一塊是括約肌，一塊是提肌。括約肌位於外部，它的作用是管開關。陰道的括約肌叫做陰道括約肌，肛門的括約肌叫肛門括約肌，尿道的括約肌叫作膀胱括約肌，位於膀胱頸部。提肌包著整個通道，用於拉起、收縮和放鬆。陰道提肌包著陰道，肛門提肌在肛門周圍。

如果把手指插進陰道或肛門，括約肌和提肌的作用區別就十分明顯地感覺出來了；收縮括約肌，手指感到緊緊地被箍住，放鬆括約肌，手指也感到放開了；當收縮提肌，手指就整個移動不得，被裹住。

這些肌肉都和骨盆緊緊相連。括約肌和提肌有兩塊，每側一塊，在正中線互相連結。陰道括約肌的方向是向上，它的纖維連結著陰蒂。這就是爲什麼陰道括約肌收縮時，陰蒂就被往下拉，靠近陰道口。陰蒂有豎立肌，它和男子陰莖豎立肌相似，在性刺激下能使陰蒂勃起。在骨盆裡還有其它肌肉，這裡只提一下會陰橫肌。會陰橫肌是女性的退化器官，它可以加強陰道括約肌的活動力量。陰道括約肌和提肌，肛門括約肌和提肌，它們的肌肉纖維是混合長在一起的。所以，一個器官的肌肉一動，另一個器官的肌肉也隨之而動。

十分有趣的是，肛門是經常關閉的，只有大便時張開。而陰道口是經常微微地張開的。肛門肌很少產生脂肪，可能是由於它在不斷運動的緣故。肛門肌在於外力作用下打開後，可以立即恢復原狀。肛門括約肌的挾力要比陰道括約肌大。肛門肌和陰道肌不同，到了老年收縮力仍然不減退。

生殖器官的肌肉和肛門肌肉都有主動和被動收縮兩種功能。陰道和肛門的括約肌、提肌一起收縮和放鬆是容易做到的。但是，分開收縮陰道肌和肛門肌、括約肌和提肌則是困難的。婦女經過一段時間性肌肉強健法練習，就可以波浪式地收縮和放鬆陰道提肌的各部份。這種能力在性生活中的作用是明顯的。

骨盆肌肉的收縮和放鬆都應該運用自如，不需要去做身體或精神上的努力。換句話說，這類肌肉活動應該是半意識的，對任何刺激都能自動作出反應。此外，腹部肌肉也影響骨盆肌肉的活動。

婦女每次分娩都不可避免地引起陰道擴張和肌肉彈性減弱。如果不加强性肌肉鍛鍊，會使陰道鬆弛，影響性生活時的快感。而訓練有素的骨盆肌可以改變這種狀況。國外專家指出：「訓練有素的婦女，骨盆肌肉很協調。在分娩多次之後，她的陰道仍比未經訓練的初產婦好，甚至比未生過孩子的婦女的陰道還要好得多。」

經過性肌肉强健法鍛鍊的陰道肌可以幫助克服一些男女性器官的功能缺陷。其中，起主要作用的陰道挾縮肌，它那不斷收縮的吸附力對夫妻之間在感情上、精神上和衛生上都有益處。在性交時，丈夫達到性高潮，射精快的問題可以避免，陰莖可以在陰道內多停留一些時候，這對丈夫來說是一個可以接受的、溫柔的結束過程，而對妻子來說則是達到性快感的重要條件。它可以彌補丈夫性高潮突然結束和妻子性高潮慢慢退去之間的差異。

這個補償過程自然地解決了性生活中「結束」這個難題，它是妻子性快感裡最重要的一環，愉快的結束對她們來說就好像田園詩一樣美；而結束不好會驅散妻子的情緒，並傷害她的感情。另一個最有價值的好處就是，如果她的丈夫已經達到性高潮，而她尚未達到時，她具有延長性交時間的能力。如果兩廂情願，陰道附近的肌肉便成爲使性交重複進行的媒介。實踐證明，這種能力在陽痿症狀較輕、勃起不全的病例中，經常是婚姻的救世主。而這種能力是可以通過骨盆性肌肉强健法去獲得的。

另外，健康的陰道肌肉將幫助處女用放鬆陰道括約肌的辦法，來減輕新婚初次性交時陰道的不快之感。同時，健康的腹肌和骨盆肌對分娩的好處是顯而易見的。它們可以幫助嬰兒出生——減輕分娩時的痛苦和用力。還有，懷孕時子宮長大，腹肌被擴張。分娩後如果不用產後健美操、腹部健美運動和綳帶、束腹等方法來幫助肌肉收縮，腹部肌肉就會鬆垂。分娩後適宜的產後健美操、腹部健美運動和骨盆性肌肉强健運動，將會有效地防止腹部鬆弛、下垂和存積的贅肉，並幫助生殖器官的肌肉恢復原來的大小和彈性。還可以防止在生育後經常出現的生殖器官肥胖和乳房的肥大，健美體型。

下面介紹的骨盆性肌肉強健法，其中最簡單的練習是鍛鍊主動收縮陰道、肛門的括約肌和提肌。剛剛開始練的人將會發現，收縮肛門肌肉比收縮陰道肌肉容易。開始時，陰道和肛門的肌肉同時收縮和放鬆。經過耐心練習，就可以學會去分別地逐一收縮四種肌肉。不僅如此，還可以使其一部份一部份地放鬆。練習使提肌收縮和放鬆，自下而上較自上而下容易，但經過系統練習都可以做到。練習主動收縮和放鬆括約肌與提肌是強健性活力、提高性功能最重要的練習。膀胱括約肌的收縮不難做到，這對男性比女性更爲重要。

強健骨盆性肌肉的練習可用卧、立兩種姿勢進行。具體方法如下：

①直立，雙腿微微分開，收縮兩半部份臀部肌肉，使之相夾，形成大腿部靠攏，膝部外轉。然後收縮括約肌，收縮提肌，使陰道向上的方向動，腹肌盡量向內收縮，將有助於骨盆肌肉的收縮。重複練習二十五～三十次。

圖 15

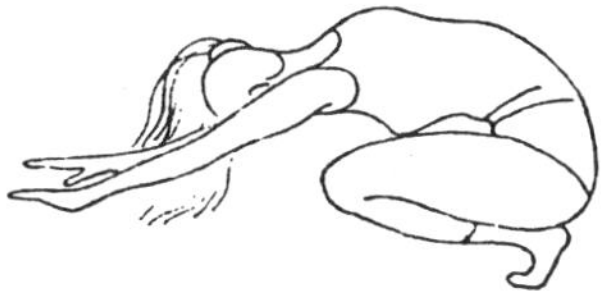

圖 16

②小便時，突然收縮膀胱括約肌，停止小便，停數秒鐘再繼續小便，大便時用肛門括約肌作同樣動作。這是第一節運動的輔助練習。重複練習二十五～三十次。

③作手膝式（圖15），骨盆後坐（圖16），

慢慢向左轉體，右臀著地（圖17），然後向左側作相同的動作。臂部擺動要快，意念集中於骨盆處，重複練習二十五～三十次。

④做手臂膝式，躬背收腹肌，盡力將骨盆抬至最高點（圖18），肩部下垂，然後骨盆慢慢地向後下移至臀部接觸到腳跟爲止（圖19）。做向下移骨盆動作時，應努力保持腰部平衡和支撐，收縮腹部和骨盆肌肉；做提升骨盆動作時，放鬆腹部和骨盆肌肉。臀部要固定，骨盆上、下移動要快，意念集中，連續做二十五～三十次。

⑤蹲坐在腳後跟上方，雙手扶在地面，雙膝分開，臀部不要接觸地面。骨盆向前方盡力擺動，手不要離地。骨盆前後擺動要快，意念要集中，但臀部不要碰腳跟或地面，做二十五～三十次。骨盆向前動時，腹肌和骨盆肌要保持收縮；向後動時，要保持放鬆。

⑥側卧，雙膝前屈，雙臂自然放置於身體兩側，全身放鬆，靜卧如睡，收縮腹肌和骨

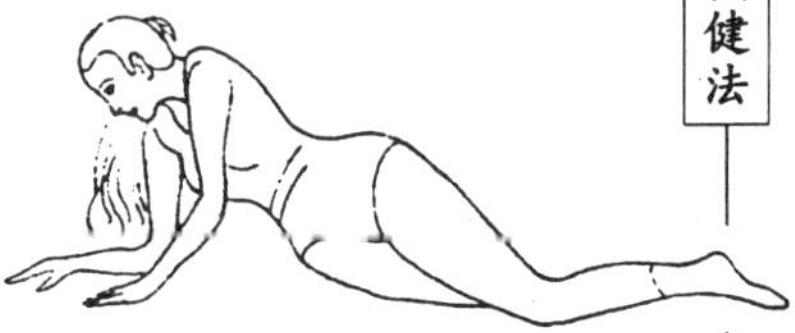

圖 17

圖 18

圖 19

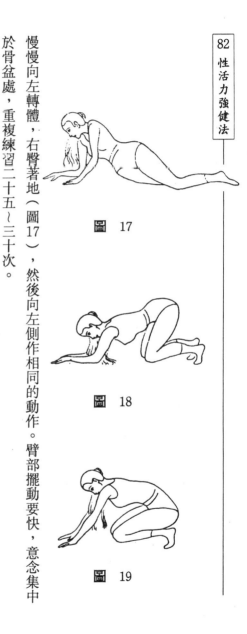

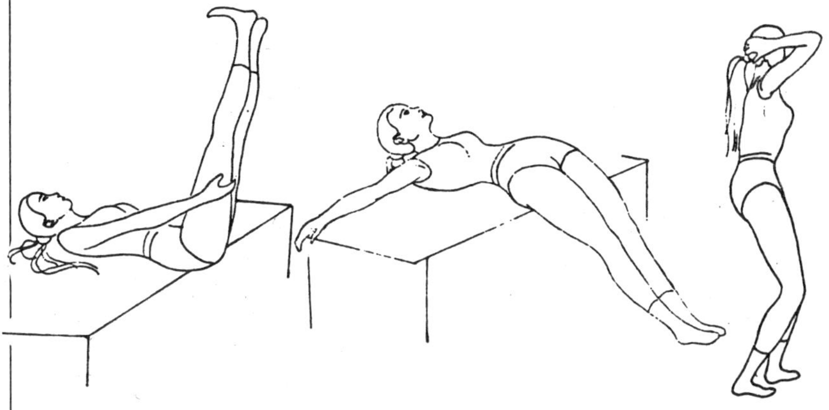

圖 20　　圖 21　　圖 22

盆肌，同時使骨盆向前突出。保持這個姿勢十五秒鐘，然後恢復原來位置，同時放鬆肌肉，重複練習做二十五～三十次。

⑦直立，雙腿分開，雙手交叉放在頭上，雙膝自然彎屈，胸部放鬆（圖20）。使腹部骨盆作連續波浪式動作。身體下沉時，臂部向前擺，同時竭力收縮和夾緊臀部，腹肌也要收緊，身體上升時，肌肉就會全部放鬆。練習中，意念要集中，呼吸要有節奏。重複練習二十五～三十次。

⑧這是一個非常有用的練習。做時需要一個大桌子或床，仰臥，臀部位於床沿，雙腿懸空伸直，不許著地（圖21）雙手把住床沿，以防滑下。雙腿合攏慢慢向上舉起，向上身靠攏雙膝伸直，雙腿舉至身體的上方時，雙手扶住雙腿使之靠向腹部，雙膝保持伸直（圖22），

然後慢慢放下雙腿，恢復原來姿勢，連續做二十五～三十次。

練習提示：懷孕期不要做練習④、⑦和⑧，可以做練習③、⑤，動作要慢，而且僅限在懷孕最初幾個月做。患有習慣性流產的婦女不要做上述任何練習。另外，要防止興趣一來就做得精疲力竭才停止，因爲運動過度會造成用力過度，使肌肉失去彈性和伸縮力。

在結束介紹骨盆性肌肉强健法之前，還要提一下女性最重要的性器官——陰蒂，它位於兩側的兩塊肌肉，即陰蒂勃起肌和陰道括約肌所控制，前者管陰蒂的勃起，後者收縮可以把陰蒂拉向下方。這兩個動作在性交時，可以使陰蒂達到和男子的恥骨直接接觸，增加女性快感的目的。

上述骨盆肌强健法可以增加這些肌肉的彈性和力度，陰蒂勃起可以通過主動收縮和放鬆來練習，收縮的程度要達到使陰蒂勃起。陰道括約肌收縮要把陰蒂拉向陰户上方。這個練習可以加入到骨盆性肌肉强健法中去，做這個練習時身體要躺下，意念要集中，不可有雜念。

(2)、恥骨肌强健法

恥骨——尾骨肌，或稱恥尾肌。像拉緊的吊床一樣，由寬帶般的組織支撐著在從前面的恥骨到後面的尾骨這一區間，有時它被稱爲「愛之肌肉」，因爲它支持著包括陰道肌肉在內的所有盆腔器官。像任何肌肉一樣，它也需要保持强健。性交活動是對恥尾肌的自然鍛鍊，同樣有一套强健恥尾肌的特殊方法，現介紹如下：

①爲了改善恥尾肌的彈性，每天作二〇〇次快速和緩慢地緊縮和放鬆恥尾肌的動作。先做緩慢緊縮動作：緊縮十秒鐘，放鬆十秒，做一〇〇次。再做快速緊縮動作：盡可能快速緊縮恥骨肌，做一〇〇次。練習過程中，呼吸要自然，意念要集中。

②想像訓練法。這種方法可以隨時隨地進行，比如在看電視時，坐在桌前或在床上休息時皆可。當你像試圖中斷排尿那樣緊縮恥尾肌時，你可以想像合攏這組肌肉，將肛門向尿道方向提位，或者讓陰道「吞吮」空氣，想像空氣進入陰道內，練習時呼吸保持自然均勻，思想必須高度集中，重複練五十～一〇〇次。

恥尾肌强健法除了能改善肌張力狀況外，還能將血液帶到陰道組織，使陰道壁增厚，變得比較濕潤，從而提高性交的質量。

(3)、**性肌肉控制強健法**

性肌肉控制强健法不儘能給和協的性生活帶來好處，而且可以延緩女子隨年齡的增長而出現的性肌肉硬化、彈性消失以及性縮力減弱。此外，還可以保護女子性器官，康復或促進骨盆內循環，以及消除由於不活動或缺乏運動而逐漸增生的不健康細胞組織，有利於減少婦科疾病和各種月經機能失調。具體方法如下：

①身體呈仰臥姿勢，兩臂置於身體兩側，交替收縮與放鬆腰、腹、臀部肌肉，收縮時

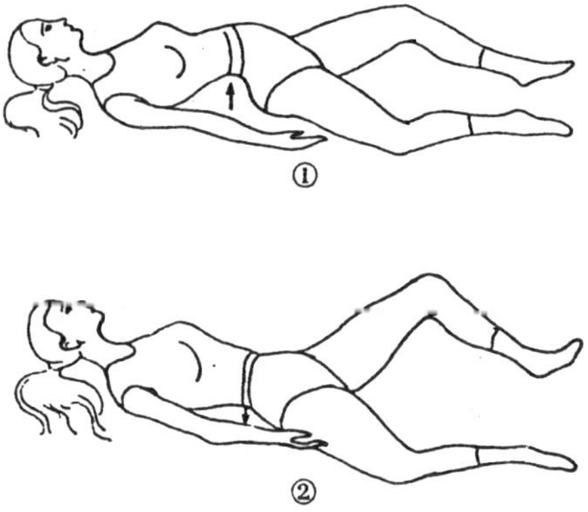

圖 23－①②

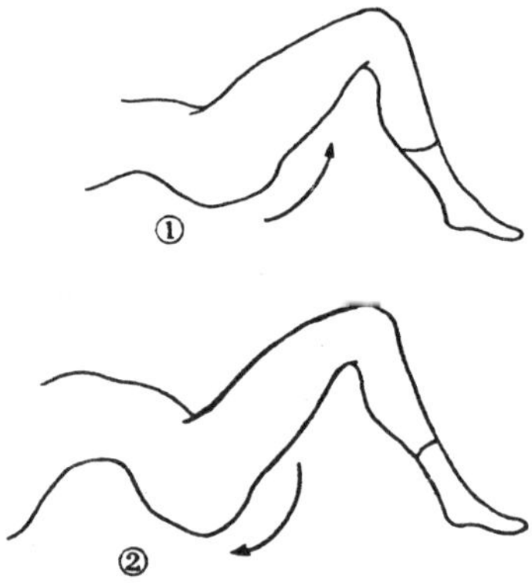

圖 24－①②

腰、腹、臀部稍上抬，停留三～五秒鐘，還原時放鬆（圖23—①②）。呼吸自然，意念要集中，連續做二十五～三十次。

②身體呈仰臥屈膝，小腿垂直地面，兩腳略比臀寬，兩臂伸直，掌心向下置於體側。交替收縮與放鬆臀部肌肉，收縮時臀部輕微向上提胯，同時用力收縮括約肌。稍停，慢慢將臀部放下，然後立即用力收縮臀部下壓面（圖24—①②）。重複練習二十五～三十次。

③身體呈俯臥姿勢，兩臂伸直，掌心向下置於體側。交替收縮與放鬆腰、腹、臀部肌肉，收縮時腰、腹、臀部稍上抬離開地面，稍停五～十秒鐘，同時收縮恥尾肌、陰道肌肉。還原時，在保持臀部不收縮的情況下，肛門括約肌有節奏地收縮（圖25—①②）。呼吸要自然均勻，意念要集中。連續做三十～50次。

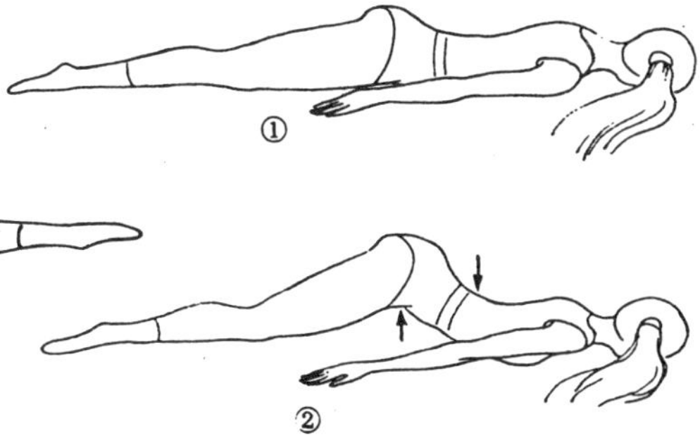

圖 25－①②

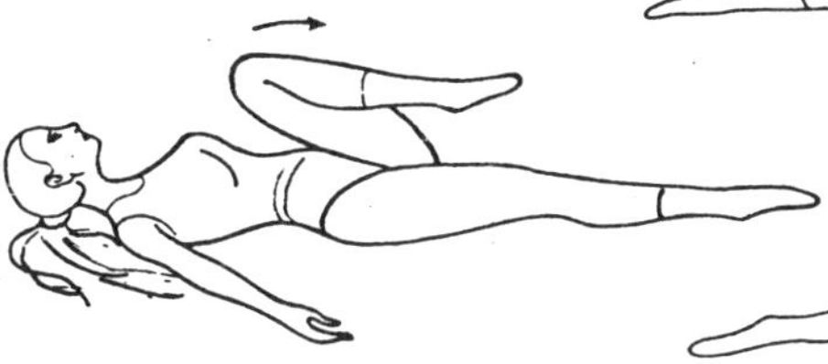

圖 26

(4)、會陰區深層性肌肉強健法

會陰區深層性肌肉的收縮是由臀部肌肉和肛門括約肌的收縮帶動的，再加上靠近大腿的外展肌收縮，這樣相互交叉作用，可使會陰和肛門區充血，使性器官膨大，從而使各充血組織得到滋養，性功能得以加强。下面介紹的會陰區深層性肌肉强健法的練習動作目的是一致的，即給性肌肉以最大的活力，並保持陰部深層肌肉不萎縮，並可增强性意念，有利於性器官分泌液的產生。還可以强健臀、腿部肌肉，使之健美，而且是治癒性冷淡和性感缺乏的有效手段。具體方法如下：

①身體呈仰卧姿勢，大腿慢慢向腹部方向上提，動作時要求腿部肌肉全面伸縮，大腿上提時，要求屈膝小腿貼近大腿（圖26）。呼吸自然，意念要集中，連續做三十～五十次，左

圖 27

圖 28

圖 29－①②

右交替練習。

②身體呈仰臥姿勢，雙手穩固撐地，雙膝用力挾住球體，並保持使球不落地，然後使骨盆反覆上下運動，連續練習三十~五十次。呼吸自然，臀部用力收縮，意念集中於會陰區。

③身體呈坐立姿勢，雙肘置於兩膝之間，並向大腿兩側用力外撐。大腿同時向內側用力（圖28）夾攏兩肘。呼吸要均勻，意念集中在會陰區，連續做三十~五十次。

④雙膝跪在地面，雙手撐地，上體和腰部與地面平行。動作時，使上體盡力向上彎曲，呈含胸挺腰狀（圖29—①）。在恢復原狀時，繼續將上體和腰部像貓伸懶腰那樣，使肩背交替呈凹凸狀，並最大限度地使臀部凸起，腹部塌下（圖29—②）。呼吸自然，意念要集中，重複練三十~五十次。

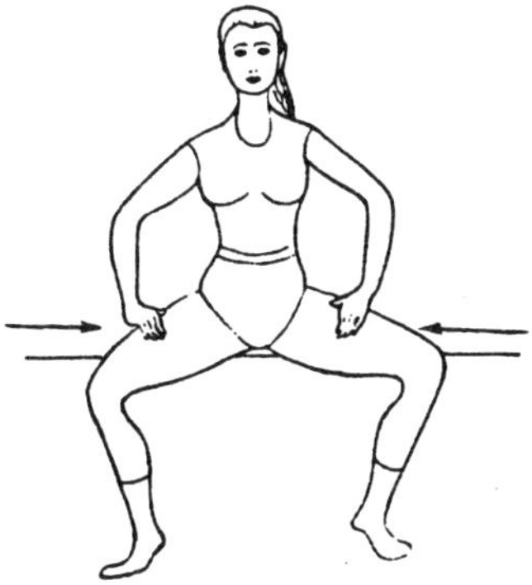

圖 30

圖 31

圖 32

⑤人坐在適當高度的木凳上，將固定在兩側的橡皮拉力器拴在大腿上，將拴有橡皮條的兩大腿用力內收，然後稍停三～五秒鐘後再慢慢鬆開（圖三十）。呼吸要自然，意念要集中在會陰區，重複做三十～五十次。

⑥人坐在凳子邊上，全神貫注，用力收縮臀部以及括約肌，在放鬆之前始終保持肌肉成收縮、緊張狀態（圖31），稍停五～七秒鐘，然後還原放鬆。呼吸要自然，意念要集中，重複練習三十～五十次。

⑦上體倒立，雙肩和頭部撐地，將頭部置於雙膝中間，然後收縮和放鬆會陰區肌肉，同時兩手將腿部用力抱緊固定，呼吸自然，意念集中於會陰區，重複練習三十～五十次（圖32）。

⑧把橡皮拉力器一頭固定，然後把另一頭

圖 33

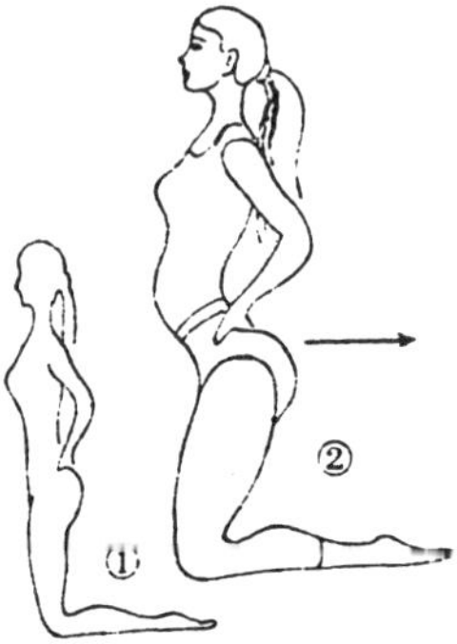

圖 34－①②

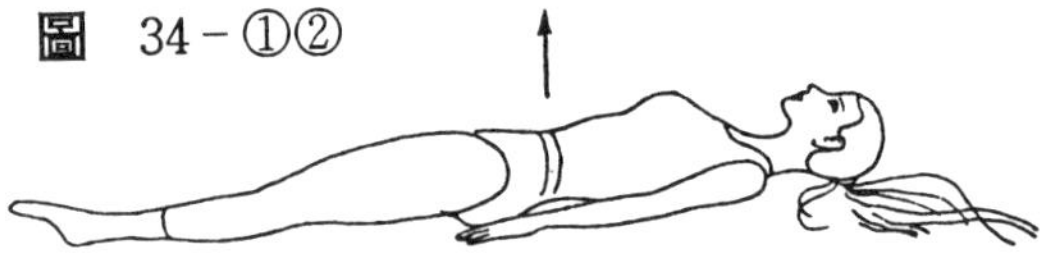

圖 35

拴在小腿上，持拉力器大腿用力與另一大腿做最大限度的交叉，兩腿交叉時，用力相貼，以便給會陰區生殖器以最大壓力，兩腿交替進行，練習三十～五十次（圖33）。呼吸要自然，意念要集中。

⑨雙膝跪立於地面，上體垂直，然後使腹部和臀部交替呈突凸狀，動作時，要求臀部用力繃緊，並收縮肛門括約肌，當腹部向前時，腰部呈凹狀，在成凹狀的同時，頭部下低（圖34—①②）。呼吸自然，意念要集中，重複練習三十～五十次。

⑩身體呈仰臥姿勢，兩臂置於身體兩側，周身自然放鬆，練習時要求有節奏地收縮臀部肌肉和會陰區肌肉，呼吸要自然，意念要集中，重複做三十～五十次（圖35）。

⑪身體坐在適當高度的凳子上，手持擴胸

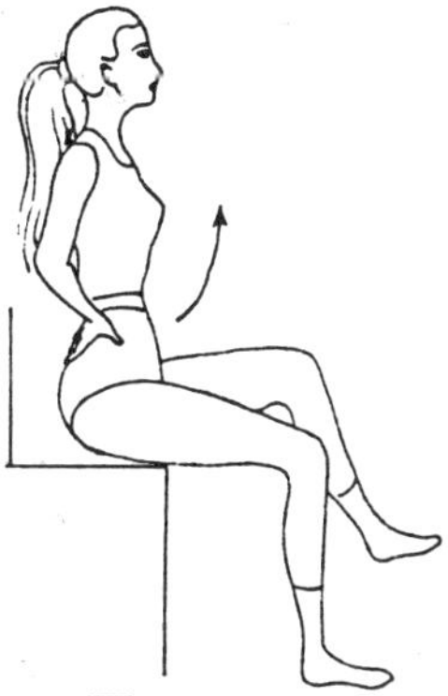

圖 37

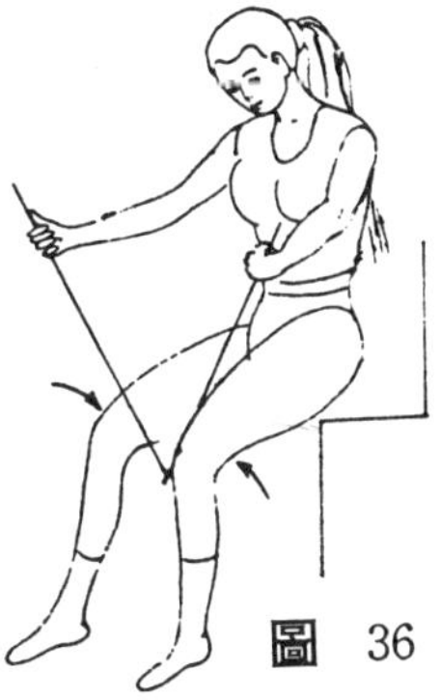

圖 36

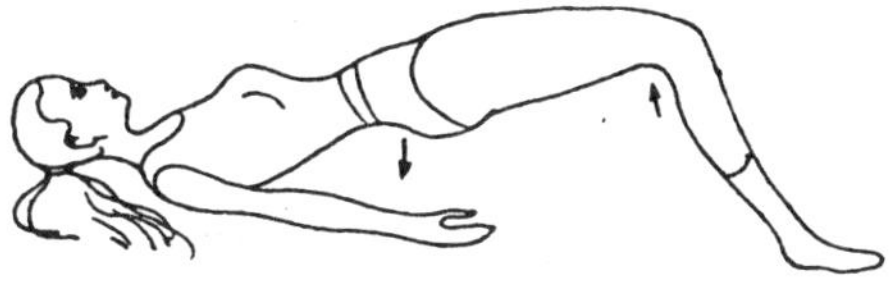

圖 38

器械作用於大腿，然後吸氣用外展肌的力量，慢慢使大腿內夾聚合，稍停三～五秒鐘，然後呼氣再慢慢分開（圖36）。意念要集中，重複練習二十五～三十次。

⑫身體坐在椅子上，上體保持垂直，大腿交叉並用力貼緊，壓迫外生殖器，並用力收縮會陰區性肌肉（圖37）。呼吸要自然，意念要集中，重複練習三十～五十次。

⑬身體呈仰臥姿勢，雙手置於身體兩側，身體其它部位保持不動，然後慢慢將胯部上挺，使下腹部呈突凸狀，胯部上挺的同時，用力繃緊臀部，同時收縮括約肌（圖38）。稍停二～三秒鐘，然後還原放鬆。意念要集中，重複練習三十～五十次。

⑭兩腿開立寬於肩，上體前屈，兩手觸地，準備就緒後，利用意念將身體內的熱能由

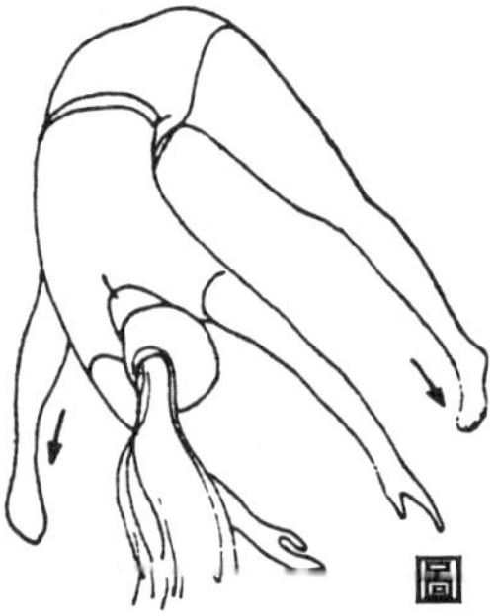

圖 39

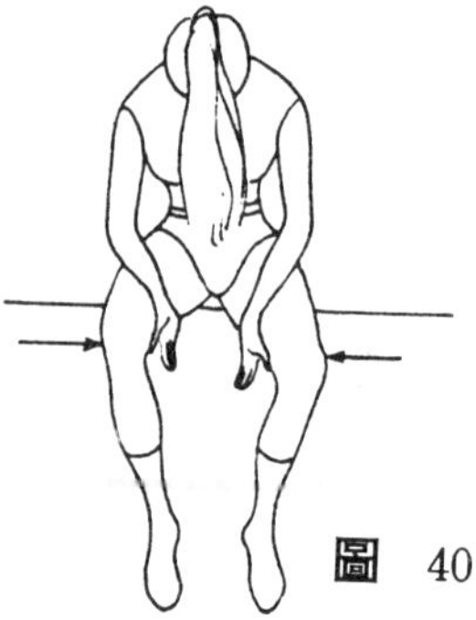

圖 40

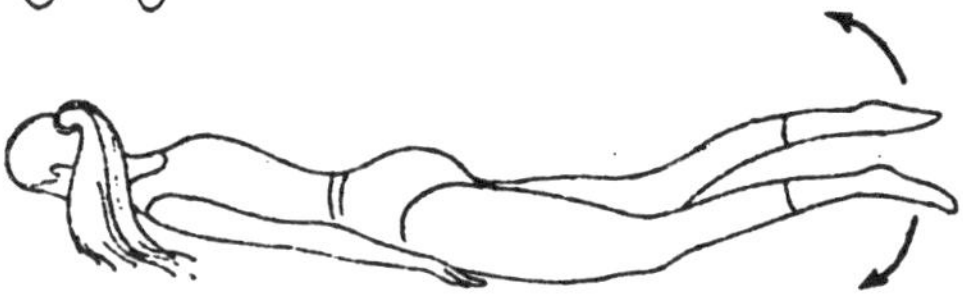

圖 41

腹腔神經叢的水平位置引導到性神經叢，與此同時，會陰區性肌肉收縮，眼睛盯住外生殖器（圖39）。稍停二～三秒鐘，然後還原放鬆。重複練習三十～五十次。

⑮身體坐在椅子上，雙手置於大腿內側，在腿向內側用力的同時，雙掌用力把大腿分開，與此同時，外展肌也同大腿一起逐漸給予雙掌阻力（圖40）。呼吸自然均勻，意念要集中，重複練習三十～五十次。

⑯身體呈俯臥姿勢，雙手置於身體兩側，並撐住地面，小腿上舉，膝關節伸直，大腿交叉，用力保持腿部肌肉的收縮，並隨臀部、會陰區肌肉的繃緊逐步加強（圖41）。稍停二～三秒鐘，然後放鬆還原。重複練習三十～五十次。

(5)、男性骨盆性肌肉強健法

對男子來説，使骨盆性肌肉堅實有力比柔軟更爲重要，這就意味著做骨盆性肌肉强健法時要用力，時間也要相對地長些。

男子骨盆性肌肉强健法的第一步，是努力地學會主動地分別收縮和放鬆兩種肛門肌肉（括約肌和提肌），然後一部份一部份地做。這個動作也會引起陰莖三種肌肉（括約肌、提肌和勃起肌也叫竪立肌）的活動。女子骨盆性肌肉强健法的動作練習①、②對男子同樣重要，它們將增加骨盆肌肉的彈性，另外，也要練習在腹肌收縮的狀態下，向上收縮肛門肌肉。這個動作練習將會進一步增進陰莖肌肉的彈性和力度。

用下面的練習增進射精肌的彈性和力度，可以有助於控制和延長射精的時間和動作。主動地收縮和放鬆肛門肌肉也就有效地强健了射精肌。當快要接近射精時，放鬆括約肌和提肌可以延遲射精，但是一旦開始射精，那就無法阻止了。

訓練有素的射精肌和肛門肌可以有助於延遲射精，這是延長性交過程所必需的，和對待陰蒂勃起肌一樣，要注意練習主動地收縮和放鬆陰莖勃起肌。用主動收縮肌肉的辦法可以容易地把處於勃起或半勃起狀態陰莖拉起。陰莖勃起可以通過主動收縮和放鬆的辦法來練習，採用立、坐、卧的姿勢都可以。具體來講，强健射精肌可以採用突然停止小便的方法，並練習同時收縮陰莖勃起肌，如果勃起肌功能正常，小便時尿柱可以射出很遠，爲了加强肛門肌肉，可在大便時練習突然收縮肛門肌的動作，效果較爲理想。上述練習連續做五十～一〇〇次，要意念集中，持之以恒。

(6)、**美乳隆胸強健法**

乳房作爲第二性徵成爲女性的性感帶，是性生活的重要內容。據生理學家的研究，凡乳房豐滿、發育良好、乳頭如珠、色素正常的，象徵其卵巢、子宮發育健全而良好，性感也一定良好。性解剖學者指出，對乳頭的刺激會使性的快感及時達到頂點而增强性的興奮，隆起而富有彈性的乳房，在夫妻婚姻中也起著重要作用。因爲夫妻性生活是人生中最長久、最重要的一大階段，不少妻子爲了維繫夫婦的愛情，或取悅於丈夫的緣故，也常會爲没有健美的乳房而苦惱，雖然有乳罩的掩飾，但總感不便，而且在夫妻生活中，這種平小的乳房就無法隱瞞了。對於男子來説，胸部發育得是否良好，也同樣具有十分重要的意義，發達的胸肌體現出一種陽剛之美。由此可見，豐腴健美的乳房是人體整體曲線美中最富魅力的一段，宛若玉樹臨風，令人神往。欲美乳隆胸者不妨練習以下功法：

①意想按摩美乳隆胸法

站立或坐式，全身放鬆，放鬆形體後，意守膻中（經期不練功或守而不緊），靜坐十五～三十分鐘，胸口應有溫熱感。呼吸綿綿，自然呼吸。將溫熱的感覺向兩乳房散開，意念也放在乳房上。注意調息，吸氣時意想汗毛孔也在吸氣，然後把意念集中在雙乳上，呼氣時意念氣慢慢從雙乳呼出。反覆做十五次，乳房應有脹大的感覺。想像乳房的乳腺發達起來了，乳房真的脹大了。然後，不加任何意念，放鬆靜養三分鐘，乳房仍有一種腫脹的感覺。

接著將雙手輕輕搓熱，用手指輕輕地沿乳房四周按摩，不要太快，要加上意念按透，不要只是輕搓表皮，但用力不能過猛。乳房已經下垂者，千萬不要從上方向下按乳房，要從下至上在乳根多處多按摩幾次。乳根按摩完後，再用手指輕輕由乳根向乳頭方向按摩，動作千萬不要太大。最後再搓熱雙手，用雙手手心輕輕捂住乳房，手指均勻分開，輕輕按摩一會兒。這裡每個手指都均勻地壓在乳房周圍，轉動的方向沒有規定，但手心一定不要壓在乳頭上，要形成一個虛掌。按摩後輕輕拿捏一會兒，按摩結束後，再靜養一會兒，意守膻中，將雙手從胸前壓下，氣沉丹田，接著拍打前胸，微微含胸，不要用力，輕輕拍打，全功練習結束。

②按摩點穴豐乳法

準備半圓如乳房狀大小的皮球兩個，牆上掛上胸部健美的畫像。自然坐式，自然呼吸，手摩皮球，目視畫像，意想二者化爲自己的乳房，練習五分鐘。在家內脫去內衣，摘掉乳罩，然後面對穿衣鏡，自然站式，以掌指反覆揉摩乳房和乳頭，先右手按左側乳房，再左手揉右側乳房。

揉摩順序：先以食指觸按兩乳間膻中穴並發入外氣，再沿乳房下線用力由內向外再向上作弧形按揉至腋下，同時吸氣，意想外氣進入乳房。經驗證明，此功法對豐乳特別有效。爲了防止擦傷皮膚和增加效果，亦可事先在按擦部位塗上豐乳霜。然後再由腋下向上沿乳房上線由外向內輕輕摩擦至膻中，同時呼氣，意想乳房膨大豐滿如球。每側乳房弧形按擦十次後，再運氣點按乳部天突、膺窗、乳中、乳根穴和手小指甲外側部少澤穴，各十次，然後運氣揉擦按捏整個乳房，先兩手上下合按，再兩手左右合按，各十次。自然呼吸，最後提拉乳頭十次，意想乳房因受刺激而膨大。

③經絡刺激隆乳法

胃經、肝經與乳房關係十分密切，在這些經脈的遠端敏感部位施以適當刺激，能收到理想的隆乳效果。方法是在室內脱去下裝，用毛刷或布團在大腿內側、外生殖器周圍和臀部上方來回輕刷五～十分鐘。自然呼吸，意想乳房和生殖器發育良好。每天早晚各練一次，連續三個月能收奇效。此法除有隆乳作用外，對於外陰的發育和提高性機能以及防治婦科疾病亦有較好的效果。

④中宮收縮美乳法

此功法適用於乳房下垂者。方法是立正站式，頭向上頂，下頷微收，兩手合掌立於胸前，自然呼吸，意守膻中十分鐘。深吸氣，挺胸收腹，兩手用力互推，意想下垂鬆弛的乳房緊縮上提。徐徐呼氣，胸腹放鬆，兩手減力，意想緊縮上提的乳房豐滿而富於彈性。

⑤關元按壓隆胸法

用三個手指（食指、中指、無名指）的指腹面，用力均勻地按壓以關元穴爲中心的下腹部，不僅能使女性鬆弛的腹肌恢復彈性，光澤柔軟。還有防治女性生殖系統疾患，提高乳腺發育和女性生育能力，並有改善性功能等多方面的作用。按壓關元穴時應排空小便，每次按壓時間爲十五分鐘，以早晨起床後十分鐘、晚上臨睡前半個鐘頭進行鍛鍊，效果最佳。

⑥托乳美胸法

立正站立，兩手半握拳置於小腹部，拳心向心，吸氣，意想氣吸入肚臍。

兩手向兩側側平伸，由拳變掌，掌心向下，呼氣，意想氣聚乳房。

兩手下垂於體前，掌心向下，再以肩關節爲軸，徐徐向側後方運轉，同時吸氣，意想氣吸入命門。

稍停，手指半屈，閉住呼吸，然後雙臂由側後向上、向前下降，手指逐漸展開，同時呼氣，意想氣聚乳房。

兩臂向前平舉，掌心向下，吸氣，意想氣吸入湧泉。

上體前屈，同時兩臂經下向後振，呼氣，意想氣聚乳房。

上體伸直，兩臂經前下方上舉，掌心向前，抬頭挺胸，吸氣，意想氣吸入膻中。

兩臂放下，自然後擺，呼氣，意想氣聚乳房。

仰臥，兩臂上舉，橫看全身成「一」字形，自然呼吸，全身放鬆。

上身抬起，與腿成直角形，雙臂上舉，吸氣，意想氣吸入肚臍。

上身向前俯屈，雙臂直伸向前，壓撫足背，呼氣，意想氣聚乳房。

屈膝跪下，身體與小腿成直角。然後，兩臂經前方上舉，手指伸直，吸氣，意想氣吸入肚臍。

挺胸仰身向後，兩臂隨之向後下方降落，至手指觸地，呼氣，意想氣聚乳房。

俯臥，兩臂彎曲，雙掌置胸兩側，掌心向下，上體稍離地面。腳趾抵地，然後臀部用力，撐起身體，全身保持正直，吸氣，意想氣吸入膻中。

肘屈曲，身體下降至稍離地，呼氣，意想氣聚乳房。然後恢復立正站立姿勢，全身放鬆。

⑦吐納健胸法

身體鬆立，兩腿分開與肩寬，兩手平端於胸前，兩手指尖相對，手心朝地，眼睛微閉，靜立片刻。

慢慢地吸一口氣，氣吸完後，開始呼氣，呼氣的同時身體慢慢地轉向左側，兩腿不動；身體轉到不能再轉的部位時，呼吸完畢。

再開始吸氣，身體隨著吸氣回到原位。

開始呼氣，呼氣的同時身體盡可能地轉向右側。如此反覆進行十～二十次。

兩手心由指尖相對改爲手心面向胸部。此時，不再控制呼吸，意念集中在胸部上，再注意一下身體的放鬆，然後保持這樣的狀態，靜立十～三十分鐘，如在練功中覺得手臂太累，不能支撐，可輕輕放下，休息片刻，再置於胸前。

收功時，意念放鬆，兩手依次拍打胸部、臂部、腹部、腰部、大腿、小腿。然後用手互搓小臂、手指，再活動一下腰、腿，收功完畢。

⑧腰脊刷擦健胸法

單手持刷，在腰部脊椎骨處，由上而下作經線強刺激十次。通過刺激支配生殖系統的中樞神經，有利於子宮卵巢等器官的發育並提高它們的功能，從而可以促進乳腺功能的活動，對美乳隆胸效果極佳。

⑨搽油按摩美乳法

按摩前，先用含有女性荷爾蒙的油脂，均勻地塗抹於整個乳房，油脂不可塗得太厚，薄薄一層即可，首先用右手掌托住右乳房，手指併攏；再將左手輕輕放在右乳房上，手指亦併攏；右手沿著乳房線條之勢用掌心向上托；左手順著圓勢輕輕放下。此動作施行十次以上，然後換用左手托住左乳房，再用右手放在左乳房上，以同樣方法來施行十次以上動作。每日晨起後、晚寢前半小時採用此法，效果最佳。

⑩叩擊按摩隆胸法

坐姿、仰臥姿均可，以彎曲中指或者食指對乳房進行叩擊。力度程序由輕變重，再由重變輕，不可過重，以免造成不必要的損傷。以乳房四周底部開始，邊圍繞，邊叩擊，直到乳暈（不可叩擊乳頭）爲一次練習，共做八～十次。

(7)、性感區肌肉強健法

身體肌肉的萎縮會導致蜂窩組織炎和細胞組織在性感區和生殖器部位增長，首先是臀部、大腿根內側、整個會陰區和肛門部的表層肌肉，以及胸部、背部和上、下肢部位的肌肉。同時子宮也會受到侵害。這些情況會造成該部位肌肉鬆弛，並使整個性感區表皮軟化，這對性感器官的健康以及夫妻性生活十分不利。

下面介紹的這套性感區肌肉強健法是全身性的，對恩愛夫妻健身美體和健康的性生活同樣重要。你全身的肌肉越強健，關節就越柔軟，體力的增強使你能更好地過性生活，並且有信心感到自己健康的身體和健美、性感的體型能使愛人感到自豪，性慾就會更加強烈，你同愛人就會把各自更強烈的情愛傾注給對方，共同享受性受藝術的歡樂。具體練習方法如下：

肩部肌群強健法

圖 42－①②

①前平舉

功效：主要健美三角肌前束和斜方肌群，美化肩部。

器械：槓鈴、啞鈴。

動作要領：兩腳開立，與肩同寬，兩手背向前持槓鈴或啞鈴，下垂於腿前，兩手持鈴間距同肩寬。隨即吸氣，直臂持鈴經體前舉起至與肩齊平稍停。然後呼氣，直臂慢慢放下還原（圖42—①②）。

提示：直臂持鈴舉起時，手肘不要彎曲，上體不准前後擺動借力；意念要集中在肩部；重複練習十～十五次，每次練習共做四組。

②側平舉

功效：主要健美三角肌中束，對獲得豐滿、寬闊、結實的肩膀有特效。

器械：啞鈴、彈力帶或重物。

動作要領：兩腳開立，與肩同寬，兩手拳眼向前持啞鈴下垂於體側。隨即吸氣，持鈴向兩側舉起，至兩手臂與肩齊時稍停（持鈴舉起時，手肘處應略微彎屈）。再呼氣，持鈴

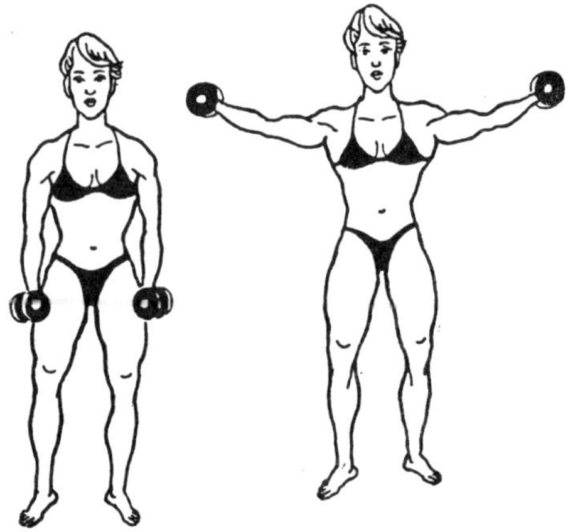

圖 43－①②

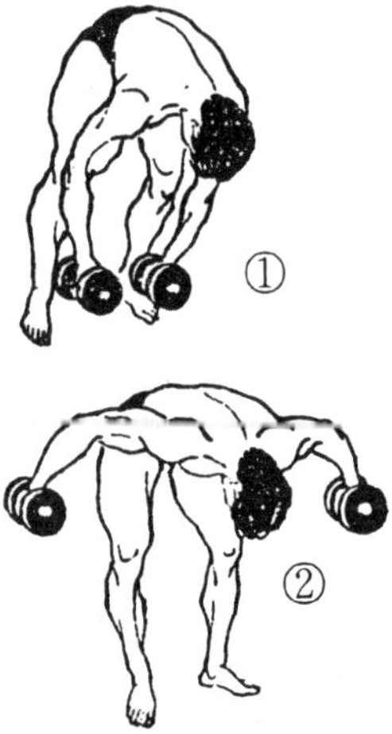

圖 44－①②

慢慢放下還原至體側（圖43—①②）。

提示：持鈴舉起時，上體不准前後擺動借助力量舉起；意念要集中於肩部；重複練習十～十五次，共做四組。

③俯身側平舉

功效：主要健美三角肌後束肌群，可美化肩部曲線。

器械：啞鈴、彈力帶等。

動作要領：兩腳開立，比肩距稍寬，俯身向前，屈體至上體與地面平行，背部保持平直，頭部稍抬起，兩腿自然伸直，身體重心落在腳跟的垂線上。兩手拳眼向前，持鈴下垂於腿前。隨即吸氣，持鈴向兩側舉起至與肩背齊平時稍停（持鈴舉起時兩肘略微彎屈）。再呼氣，持鈴慢慢放下還原至兩臂下垂姿勢（圖44—①②）。

提示：持鈴舉起或放下還原時，上體不准上下擺動；意念要集中在肩部；重複練習十～十五次，每次練習共做四組。

④坐姿推舉

功效：主要健美肩部的三角肌群，使肩膀豐滿、結實，富有彈性。

器械：啞鈴、槓鈴、推肩機。

動作要領：坐在推肩練習機凳子上，收腹、緊腰、挺胸，上體直立，雙腳搭在凳撑儿上或踩在地上。兩手緊握推肩練習機的把柄，間距寬於肩，肘關節彎屈，接著吸氣，兩臂用力推起，肘關節伸直，稍停二～三秒鐘，意想肩部肌群充血、擴張、飽滿、健美。然後呼氣，緩緩還原（圖45—①②）。

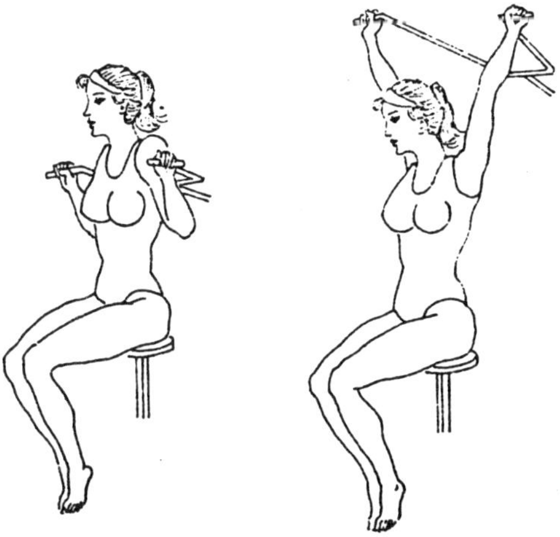

圖 45－①②

提示：完成動作時要柔和有序，防止動作過於突然或中途暫停；重複練習十～十五次，每次練習共做四組。

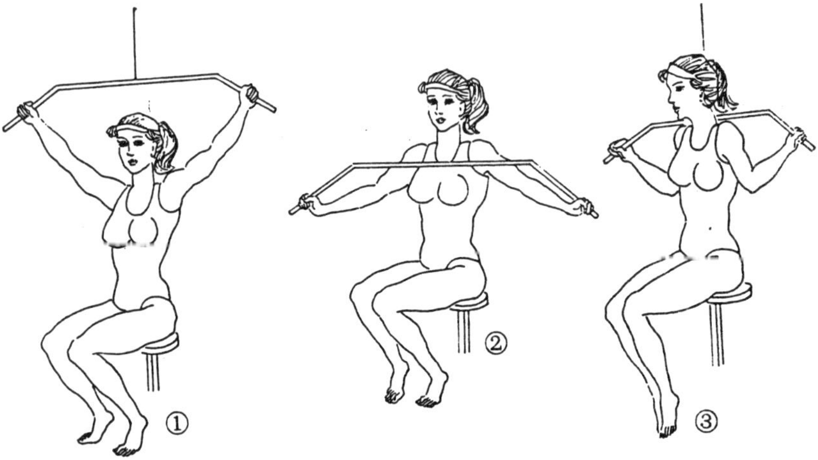

圖 46－①②③

⑤坐姿下拉

功效：主要健美肩部三角肌群，可使肩膀豐滿、結實、寬闊，秀麗動人。

器械：槓鈴、拉臂練習機。

動作要領：坐在練習機固定座位上，兩手分別握住頭上方橫槓阻力器兩端的把柄。接著吸氣，從頭上方位置垂直下拉橫槓阻力器至頭前或頭後與肩平，稍停二～三秒鐘，意想肩部肌群充血、擴張、飽滿、健美。然後呼氣，緩慢還原（圖46—①②③）。

提示：完成動作時兩臂均衡用力，防止猛拉或突然性還原動作；重複練習十～十五次，共做四組。

臂部肌群強健法

①站立正握彎舉

功效：主要健美上臂肱二頭肌和肱肌，美

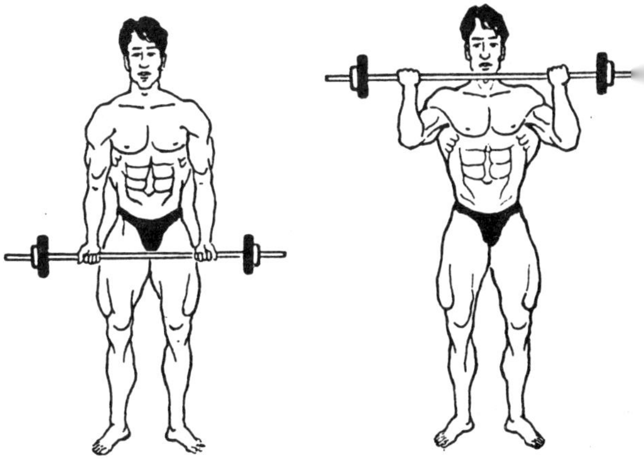

圖 47－①②

化上肢曲線。

器械：啞鈴、槓鈴、彈簧拉力器等。

動作要領：兩腳開立，與肩同寬，收腹、緊腰、挺胸，身體直立，兩臂下垂，掌心向前握槓鈴。接著吸氣，前臂用力彎舉置最高點，稍停二～三秒鐘，意想上臂肱二頭肌群充血、擴張、飽滿、健美。然後呼氣，慢慢放下還原（圖47—①②）。

提示：完成動作時雙臂夾緊上體，屈肘抬起槓鈴時上體切不可前後擺動；重複練習十～十五次，共做四組。

②頸後臂屈伸

功效：主要健美上臂肱三頭肌群，美化上肢曲線。

器械：槓鈴、啞鈴、拉力器等。

動作要領：兩腳並立，與肩同寬，收腹、緊腰、挺胸，身體直立，兩手正握（兩臂外旋，兩手大拇指向外握器械）或反握（兩手大拇指相對握器械）槓鈴，上臂屈曲固定在頭

圖 48－①②

圖 49－①②

的兩側。隨即吸氣，用肱三頭肌收縮的力量將前臂伸直至上舉，稍停二～三秒鐘，意想肱三頭肌群充血、擴張、飽滿、健美。然後呼氣，屈臂慢慢落下至頸後（圖48—①②）。

提示：完成動作時，上臂必須緊貼耳側，兩肘夾緊，上臂保持與地面垂直狀，兩肘尖垂直向上，不要向前後移動；重複練習十～十五次，共做三組。

③直臂後拉

功效：同「頸後臂屈伸」動作。

器械：啞鈴、槓鈴、拉力器。

動作要領：兩腳開立距離與肩同寬，收腹、緊腰、挺胸，身體直立。正握或反握槓鈴於體後，隨即吸氣，然後用力上拉至最高點，稍停二～三秒鐘，意想肱三頭肌群充血擴張、飽滿、健美。然後呼氣，慢慢還原（圖49—①

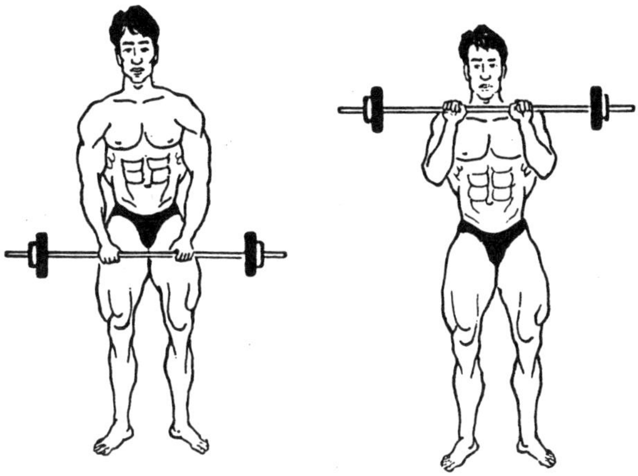

圖 50－①②

②）。

提示：完成動作上拉至最高點時，應使兩手腕向上翻轉，使肱三頭肌群徹底收縮；上體不得前後擺動，不得含胸駝背，借力上拉；重複練習十～十五次，共做四組。

④站立反握彎舉

功效：主要健美上臂肱三頭肌群和前臂後群伸指肌群，美化上肢曲線。

器械：啞鈴、槓鈴、拉力器。

動作要領：兩腳開立，與肩同寬，收腹、緊腰、挺胸，身體直立，兩手背向前持鈴下垂於體前。隨即吸氣，持鈴彎起至胸前，稍停二～三秒鐘，意想所練部位充血、擴張、飽滿、健美。然後呼氣，持鈴慢慢放下還原（圖50—①②）。

提示：持鈴彎起和放下時，上臂必須貼

圖 51－①②

緊體側，不准前後移動；重複練習十～十五次，共做四組。

⑤反握腕彎舉

功效：主要健美前臂屈伸肌群，美化前臂曲線。

器械：槓鈴、啞鈴。

動作要領：坐在凳子上，手背向前持鈴，將兩前臂分別放置於兩大腿上，手腕放鬆下垂，兩前臂和肘關節向內夾緊。隨即吸氣，持鈴彎起至極限，稍停二～三秒鐘，意想前臂肌群充血、擴張、飽滿、健美。然後呼氣，持鈴慢慢放下還原（圖51—①②）。

提示：完成動作時兩臂必須緊貼體側，前臂緊貼於腿或凳上，不得抬高；重複練習十～十五次，共做五組。

胸部肌群強健法

①俯臥撐

功效：主要健美胸大肌群，美化胸部。

器械：俯臥撐架（或徒手做）。

動作要領：兩臂伸直撐在地上，使肩胛骨略向前傾，頭稍抬起，眼看前方。隨即呼氣，兩上臂（緊貼近體側）屈肘，使軀幹保持伸直，慢慢下降至最低位置。應使肩關節放鬆，胸大肌充分伸長，頭部向前方探起，胸腔有完全擴張的感覺。稍停二～三秒鐘，隨即吸氣，以胸大肌緩慢的收縮同時伸臂，直至兩臂伸直，胸部挺起，全身應保持挺直的姿勢。

提示：完成動作時不能腹部下沈、臀部向上拱起或直臂支撐時兩肩胛聳起；重複練習十～十五次，共做六組。

②站姿直臂擴胸

功效：主要健美上胸部肌群和增強肺部呼吸機能，對美化胸部有顯著效果。

器械：啞鈴、拉力器。

動作要領：自然站立，兩腳開立與肩寬，緊腰、收腹、挺胸，兩手握拉力器把柄，掌心相對，兩臂伸直上抬置胸前，深吸氣的同時，兩手平穩而均勻地將拉力器向兩側拉開，兩臂與兩肩呈一直線，稍停二～三秒鐘，意想胸部肌群充血、擴張、飽滿、堅挺、健美。

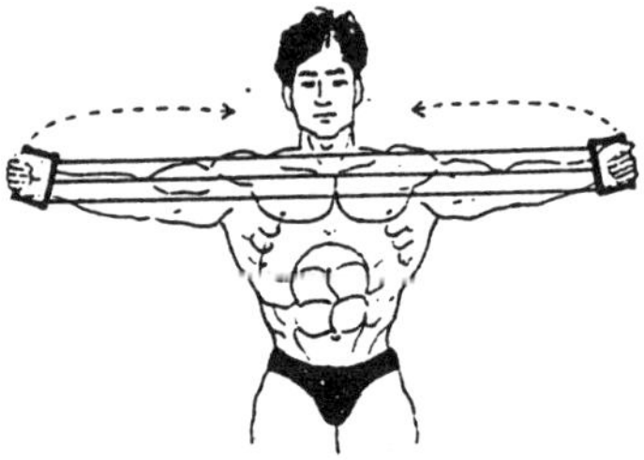

圖 52

然後呼氣，緩慢還原（圖52）。

提示：直臂拉器械時，手肘不要彎曲，上體不准前後擺動借力；重複練習十～十五次，共做四組。

③平臥飛鳥

功效：主要健美胸大肌群，對胸部堅挺壯美、擴大胸腔和美化胸部曲線有特殊作用。

器械：啞鈴、壺鈴、擴胸器。

動作要領：仰臥在凳上，兩手掌心相對持鈴，兩臂持鈴置於胸部上方。隨即呼氣，兩臂向兩側逐漸屈肘張開，兩肘間的角度漸漸變小（上臂和前臂之間的夾角在一〇〇～一二〇度之間），一直下降到極限爲止，稍停二～三秒鐘，使胸大肌感到已充分擴張，整個胸腔完全挺起。意想胸肌豐滿挺拔健美。再吸氣，持鈴舉起，以胸大肌的收縮力量，兩肘的角度逐漸變大，直至最後兩臂伸直，還原成預備姿勢（圖53—①②）。

提示：兩臂持鈴舉起至還原垂直位時，要做到「兩臂夾胸、由屈伸直、挺胸沉肩、意念集中」；重複練習十～十五次，共做四組。

圖 53－①②

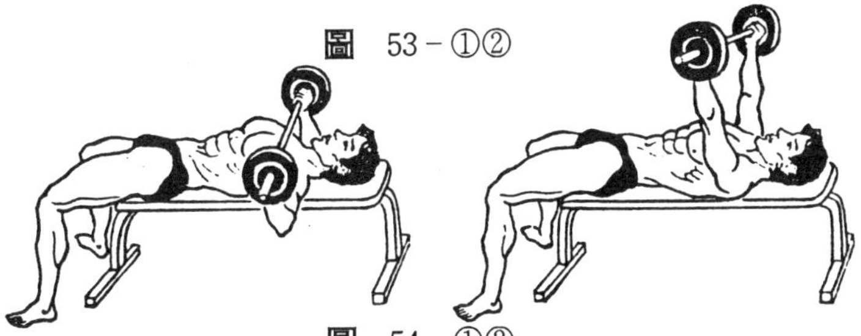

圖 54－①②

④平臥推舉

功效：主要健美胸大肌群，對胸脯挺拔、豐滿、結實、飽滿有特效。

器械：啞鈴、壺鈴、槓鈴。

動作要領：兩腿分開躺在凳子上，身體保持平穩，呈挺胸沉肩狀，雙手掌心朝上握槓，握距與肩同寬或大於肩的寬度，將槓鈴橫槓放在胸部乳頭處。接著吸氣，兩臂用力向上推起槓鈴，手臂伸直，稍停二～三秒鐘，意想胸大肌充血、擴張、隆起、堅挺、飽滿、健美。然後呼氣，慢慢下放槓鈴還原（圖54—①②）。

提示：槓鈴向上推起時，略向前偏，成「拋物線」的運動軌跡，兩臂伸直時，槓鈴重心處於肩關節的支撐點上；重複練習十～十五次，共做六～八組。

⑤垂直夾臂擴胸

功效：主要健美胸大肌和肩部三角肌群，對塑造寬闊飽滿的肩膀和豐滿挺拔的胸脯，有特殊效果。

器械：器械擴胸機。

動作要領：坐在練習機固定椅上，收腹、緊腰、挺胸、上身直立，兩小臂放在小臂阻力器的擴墊上，小臂與地面保持垂直，大臂與地面平行。接著吸氣，兩臂同時用力向中間夾胸，使兩個相分離的阻力器盡可以觸到一起，意想胸部和肩部肌群充血、擴張、隆起、飽滿、挺拔、健美。然後呼氣，緩慢還原（圖55—①②）。

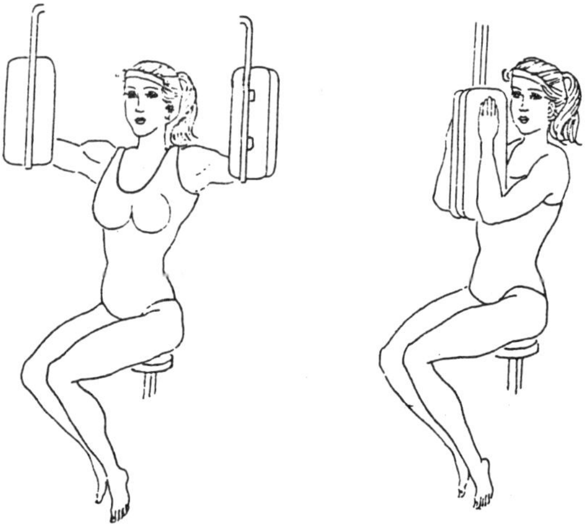

圖 55－①②

提示：動作完成要圓滑、從容，防止突然性猛夾動作；重複練習十～十五次，共做6～8組。

腰部肌群強健法

①俯身彎起

功效：主要健美腰部肌群，祛除贅肉，美化腰部曲線。

器械：槓鈴、啞鈴。

動作要領：兩腳開立，比肩距稍寬，兩手持鈴置於頸後肩上，挺胸、收腹、緊腰，兩手必須托牢槓鈴，全身直立。隨即吸氣，上體向前慢慢彎下，至腰背部與地面平行爲止，這時臀部應向後移，使身體重心處於腳跟後上方，稍停三~四秒鐘，再以腰背肌的力量，挺身起立還原，還原後再自然呼吸（圖56—①②）。

提示：在動作過程中，腰背部必須始終挺直，不准鬆腰含胸弓背；上體前屈時，儘量慢些，切忌突然快速屈體，防止腰部肌群拉傷；重複練習十五~二十次，共做五組。

圖 56－①②

②直腿硬拉

功效：主要健美腰部肌群，祛除贅肉，美化腰部曲線；對擴大胸腔也有益處。

器械：槓鈴、啞鈴、壺鈴。

動作要領：兩腳開立同肩寬，兩手握橫槓或一正一反握住橫槓。直臂持鈴下垂於腿前，挺胸、收腹、緊腰，上體徐徐起立，成直立姿勢，隨即呼氣，以腰背部肌群力量控制住，使上體慢慢向前彎屈，兩腿保持伸直，至槓鈴片接近地面爲止。再吸氣，持鈴挺身起立，同時使兩肩向後展開，胸腔儘量向前挺出（圖57—①②）。

提示：在動作過程中，始終保持挺身直腰的姿勢，不准鬆腰弓背；向前屈體要儘量慢些；重複練習十五～二十次，共做五組。

腹部肌群強健法

①仰卧起坐

圖 57－①②

功效：主要健美腹直肌（上腹部），祛除腹部贅肉，美化腹部曲線。

器械：仰卧板（墊）、凳子。

動作要領：仰臥墊上，兩臂伸直上舉，雙腿併攏不動，吸氣用腹肌力量盡量使上體坐起，兩臂前伸，手指觸及腳趾，上體彎屈，使頭部儘量靠近膝蓋，同時保持上體挺胸、收腹。再呼氣，接著慢慢向後仰臥還原。

提示：意念要集中於腹部；重複練習十～十五次，共做四組。

②仰臥舉腿

功效：主要健美腹直肌（下腹部），使腹部苗條兼有美化腿部曲線的功效。

器械：仰臥板（墊）、凳子。

動作要領：仰臥在墊上，兩手掌心向下置於體側。上體不動，左腿伸直上舉與上體呈九十度角，繃直腳背。然後慢慢落下還原。正常呼吸。接著換右腿做同樣動作。再接著做兩腿同時上舉與地面垂直的動作，然後還原。

提示：意念要集中在腹部；重複練習十～十五次，共做四組。

③仰臥兩頭起

功效：主要健美腹直肌和髂腰肌群。有助於強健內臟消化、生殖和排泄系統的功能。對祛除贅肉和美化腹部曲線有佳效。

器械：仰臥板（墊）、凳子。

動作要領：仰臥在墊子上，兩臂伸直在頭頂上方，全身伸直。隨即吸氣，上體和兩腿同時迅速往上舉起，使兩手指和兩腳尖接觸，稍停二～三秒鐘，再呼氣還原成全身仰卧姿勢。

提示：意念要集中在腹部；重複十～十五次，共做四組。

圖 58－①②

背部肌群強健法

①俯身划船

功效：主要健美背闊肌群，使整個背部呈現優美動人的「V」字型。

器械：槓鈴、啞鈴、壺鈴。

動作要領：兩腳開立，與肩同寬，上體前屈同地面平行，兩臂下垂，兩手握槓鈴。接著吸氣，用力將槓鈴上拉至腹部，稍停二～三秒鐘，意想背闊肌群充血、擴張、厚實、飽滿、健美，呈現「V」字型。然後呼氣，緩慢還原（圖58—①②）。

提示：動作過程要平穩緩慢些；重複練習十～14次，共做四組。

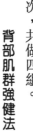

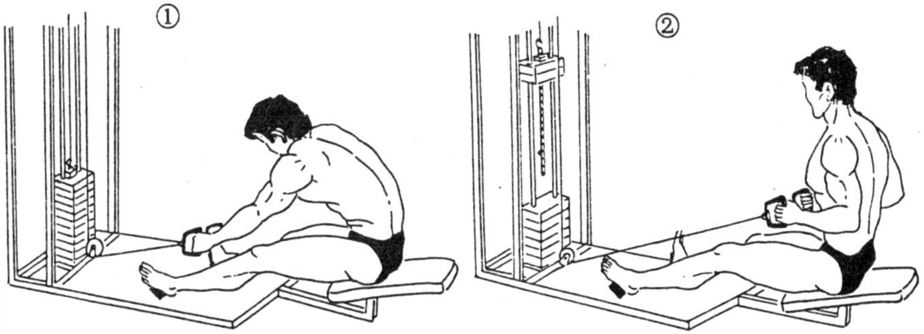

圖 59－①②

②坐姿平拉

功效：同「俯身划船」動作。

器械：平拉練習機、拉力器。

動作要領：坐在墊子上，兩手握住拉力機把手，上體前屈，同時屈膝，臉朝下置於兩臂之間。接著吸氣，兩臂向後方拉動牽動引繩，同時上體後仰，挺胸。當拉力機的把手觸及胸腹部後，稍停二～三秒鐘，意想背闊肌群充血、擴張、飽滿、厚實、寬闊、健美。然後呼氣，緩慢還原（圖59—①②）。

提示：注意動作做得要完整，肌肉收縮要充分，防止猛拉或猛放動作；重複練習十～十五次，共做四組。

③頸後寬距引體向上

功效：主要健美背闊肌和肩部肌群，可美化肩背部曲線，使整個背部呈現優美秀麗的

圖 60－①②

「V」字型。

器械：單槓。

動作要領：兩臂懸垂在單槓上，兩手寬握距，緊握槓，使腰背以下部位放鬆，背闊肌充分伸長，兩小腿彎曲抬起。隨即吸氣，集中以背闊肌的收縮力，屈臂引體上升，至頸後，使之接近或觸及單槓，稍停二～三秒鐘，意想背闊肌充血、擴張、飽滿、厚實、健美，呈「V」字型。然後呼氣，以背闊肌的收縮力量控制住，使身體慢慢下降還原（圖60—①②）。

提示：動作過程中身體不要前後擺動利用慣性給予助力；全身下垂時，肩胛部要放鬆，使背闊肌充分伸長；重複練習十～十五次，共做四組。

臀部肌群強健法

①俯臥後舉腿

功效：可健美臀部肌群，使臀肌緊縮上收，增加臀部彈性，美化臀部曲線。

器械：墊子。

動作要領：俯臥，雙腿併攏，兩臂屈肘置於肩前。隨即吸氣，以臀部肌群的收縮力量直腿向上舉起（應儘量高於身體和地面水平線），至臀部肌肉完全收緊爲止，同時抬頭挺胸，稍停三～四秒鐘，意想臀部飽滿、結實，富有彈性，性感誘人，然後呼氣，直腿慢慢放下還原。

提示：直腿舉起和放下，膝關節不准彎曲，動作要平穩稍慢些，不要過快或利用全腿擺動的慣性舉起；重複練習十五～二十次，共做五組。

②仰臥抬臀

功效：主要健美臀部肌群，可使臀部結實、美麗，富於性感。

器械：墊子。

動作要領：仰臥屈膝，小腿垂直於地面，兩腳略比臀寬，兩臂伸直，掌心向下置於體側。兩小腿平開，上體重心移到肩部，以肩支撐，吸氣將臀部向上抬起，稍停三～四秒。然後呼氣，慢慢將臀部放下，有每根脊柱骨變直之感。

提示：意念要集中；重複練習二十五～三十次，共做四組。

腿部肌群強健法

①負重蹲起

功效：主要健美人腿肌群和臀大肌群，美化臀部、腿部曲線。

器械：槓鈴、啞鈴、壺鈴。

圖 61－①②

動作要領：兩腳開立，與肩同寬，槓鈴置於肩上，雙手掌心朝前握槓，收腹、緊腰、挺胸，背部儘量伸直，目視前方。

接著深呼氣，屈膝下蹲，大腿與地面呈平行狀，稍停二～三秒鐘，意想大腿和臀部肌群充血、擴張、飽滿、結實、健美。

然後吸氣，用力向上站起還原（圖61—①②）。

提示：注意完成動作時上體勿前傾，臀部不要後突，背要直立。如感到做全深蹲姿勢很困難，腳跟下面墊一塊五～十公分厚的木板以維持身體平衡。重複練習十五～二十次，共做五組。

②站立提踵

功效：主要健美小腿肌群，美化小腿曲線。

器械：槓鈴、舉踵器。

動作要領：雙手掌心朝前握槓寬於肩，槓鈴置於肩後，收腹、緊腰、挺胸，身體直立，膝關節伸直。接著吸氣，盡可能高地向上提起腳跟，稍停三～四秒鐘，意想小腿三頭肌群充血、擴張、飽滿、堅實、健美。然後呼氣，緩慢還原（圖62—①②）。也可在前腳掌下墊一塊木板，腳跟著地，按上述動作要領練習，加大練習難度，提高效果。

圖 62－①②

提示：注意完成動作時不要屈膝、屈體；重複練習二十五～三十次，共做五組。

③負重伸膝

功效：主要健美大腿前側的股四頭肌群，美化大腿曲線。

器械：鐵鞋、伸膝練習機。

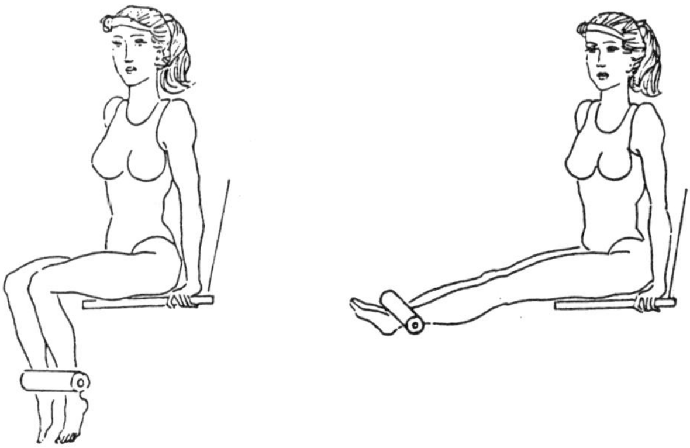

圖 63－①②

動作要領：坐在伸膝練習機的座位上，收腹、緊腰，上體直立。雙手分別扶在座位兩側，小腿與地面垂直，兩踝前部分別放在踝關節阻力器護墊下方。接著吸氣，用大腿收縮力帶動小腿上抬，踝關節用力抵住踝關節阻力器，使膝蓋伸直與大腿呈平行位置，稍停二～三秒鐘，意想大腿股四頭肌群和骨盆底肌群充血、擴張、飽滿、結實、健美。然後呼氣，緩慢還原（圖63—①②）。

提示：注意整個動作練習過程，始終保持動作要圓滑有序，不要中途停止或用力過猛。重複練習十～十五次，共做四組。

④負重屈膝

功效：主要健美大腿後側的股二頭肌群，美化大腿曲線。

器械：鐵鞋、屈膝練習機。

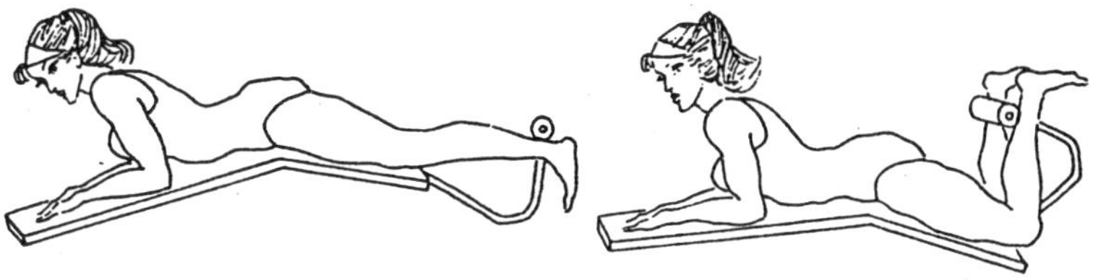

圖　64－①②

動作要領：俯卧在屈膝練習機的固定墊上，小臂彎屈，手撐在墊子上，兩腿伸直，後踝抵住踝關節阻力器護墊下方。接著吸氣，屈膝使大小腿形成九十度夾角，稍停二～三秒鐘，意想大腿後側肌群充血、擴張、飽滿、結實、健美。然後呼氣，緩慢還原（圖64—①②）。

提示：注意屈小腿時動作不要過猛，動作完成要充分。重複練習十～十五次，共做四組。

⑤負重蹬伸

功效：主要健美大腿肌群、骨底肌群和臀部肌群，美化腿部曲線。

器械：腿舉架、蹬腿練習機。

動作要領：坐在練習機的固定座位上，屈膝，腳踏在蹬腿阻力器上，兩手握住座位兩側的扶手，接著吸氣，用力蹬直腿，稍停二～三

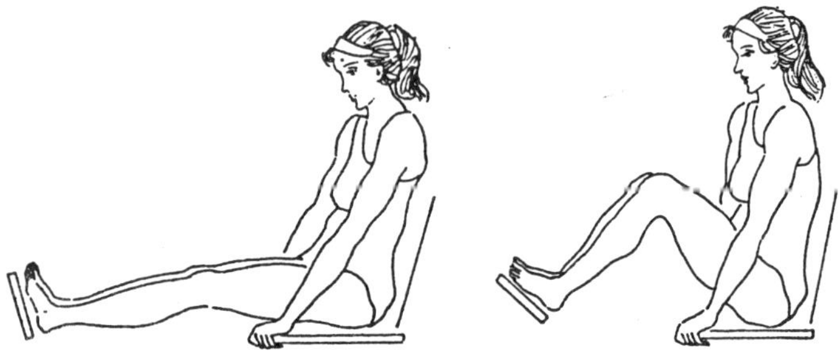

圖 65－①②

秒鐘，意想大腿肌群、盆底肌群和臀部肌群飽滿、堅實、健美，性感動人。然後呼氣，緩慢還原（圖65—①②）。

提示：注意整個動作練習過程，使膝蓋伸展和彎曲不受限制，同時能使腿部充分用力蹬出，動作要連貫、協調、控制好，意念要高度集中。重複練習十五～二十次，共做四組。

3. 性愛持久力強健法

性愛活動是一種需要體力和耐力的運動，它要求强而有力的肌肉與良好的心臟血管系統。性愛活動的姿勢使某些肌肉疲乏。從生理學的觀點來說，性愛活動的最大要求，也許是心跳率和血壓的提高。而從健身運動的觀點來說，性愛活動的最大要求，必須是性感區肌肉和性愛持久力的强健。

(1)、慢跑——強身性愛兩相宜

現在，越來越多的人愛好「慢跑」。他們沿著跑道、人行道，不徐不疾、氣定神閒地跑著，當感到疲倦時，才停歇下來。這種慢跑運動沒有時間限制，你愛跑多遠就跑多遠，愛跑多久就跑多久。據粗略統計，現在美國大約有二十萬以上的人在從事這項運動。

慢跑運動對身體有什麼好處呢?洛杉磯加州大學的蘇珊·史密夫醫生說，有規律的慢跑不但有助於保持體態，獲得更多的精力，促使四肢肌肉強勁，增強心臟功能和血液循環，而且還能有效地增强人的性功能。

在一九八八年的一次民意測驗中，六六%的跑步愛好者聲稱，慢跑運動使他們夫婦情意更繾綣，性愛更浪漫。最新的科學發現是，慢跑對身體激素具有奇妙的影響力。研究人員指出，身體內有一種激素叫做「新腎上腺素」。只要每星期做三次以上的慢跑，就能把體內這種足以消減憂慮的激素增加一倍水平，而且能使它保持相當長的一段時間。他們認爲，慢跑是促使人體增加新腎上腺素最安全最容易的方法。專家們在研究總結慢跑對身體的好處時還指出，如果想在性生活上更有活力和持久力，甚至到七十歲還能享性愛生活，那就應該堅持做慢跑運動。這是經過試驗而一再證實的事實。

(2)、性肌肉強健靈活——令你有較強的性愛持久力

性愛生活美滿和諧，是每對夫婦都希望的。這其中除了要夫婦在感情上達到和諧外，

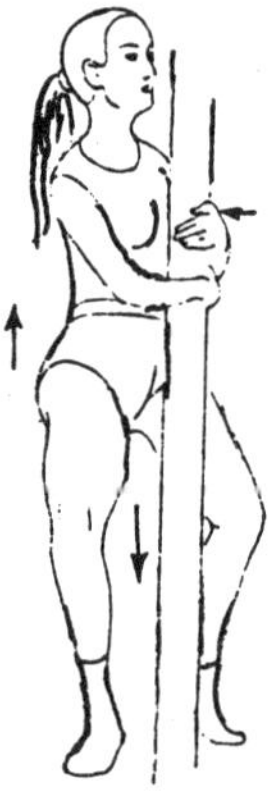

圖 66

圖 67

兩者的身體健康和性能力也很重要。而身體肌肉的柔軟性和力度，特別是腰骶關節和臀部肌肉的彈性更是至關重要的。所以常做下面的兩組「性活力强健法」的動作，會令夫婦的性愛生活更加如魚得水，而且有較强的持久力。

①直立，兩手抱住柱子，身體離開柱子約三～四公分，兩腿分開，兩腿彎曲，用力向地面反蹬，與此同時，臀部用力配合使身體上升、下沉，連續做二十五～三十次（圖66），共做四組。

②上述動作做了規定次數後，轉換成兩手握緊柱子，挺胸、頭微向上抬的動作；一腿彎曲支地，一腿向後踢起，蹬伸直。兩腿交替做二十五～三十次（圖67），共做四組。

③兩手抱緊柱子，頭往上仰，胸挺向柱子，但並不與柱子接觸；一腿蹬直支地，另一

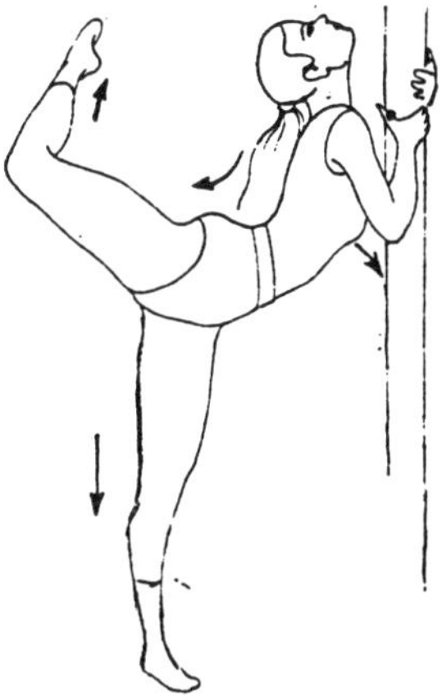

圖 68

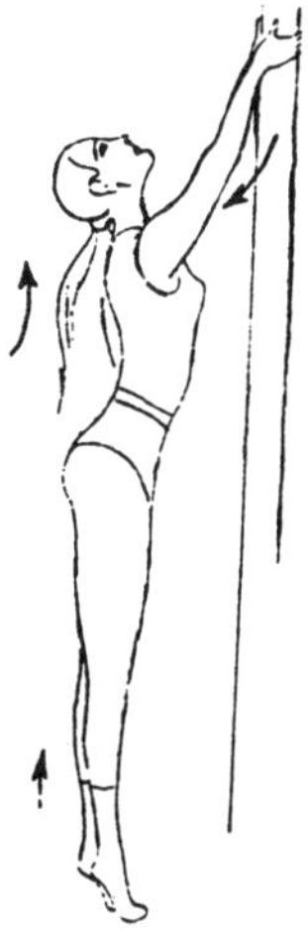

圖 69

腿向後踢高，使大腿與小腿互呈九十度角。兩腿交替做二十五～三十次（圖68），共做四組。

以上練習①～③動作是增強性愛持久力的動作。用力要點：肩部肌肉繃緊，手臂部肌肉繃緊；兩大腿內側肌肉繃緊的程度特別強，練習時要收腹、緊腰、挺胸，呼吸自然，意念要高度集中。

功效：強健腹肌和腰肌力量，增加臀大肌和大腿內側肌肉的彈性和耐力；持續練習①～③動作，能使腰以下膝以上的肌肉彈性和韌帶的耐力提高，也不容易損傷，而且對於夫婦較激烈的性愛活動也有極大的幫助。

④兩手最大限度地上舉握緊柱子，挺胸、收腹、緊腰，兩腳尖著地，腳跟向上提；利用腳跟著地、離地、不斷重複提踵動

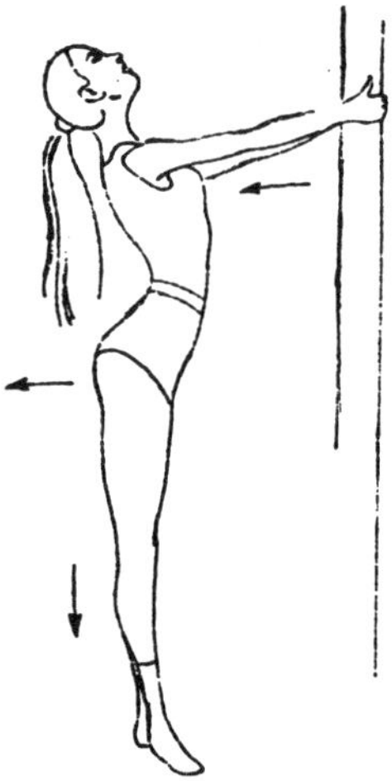

圖 70

圖 71

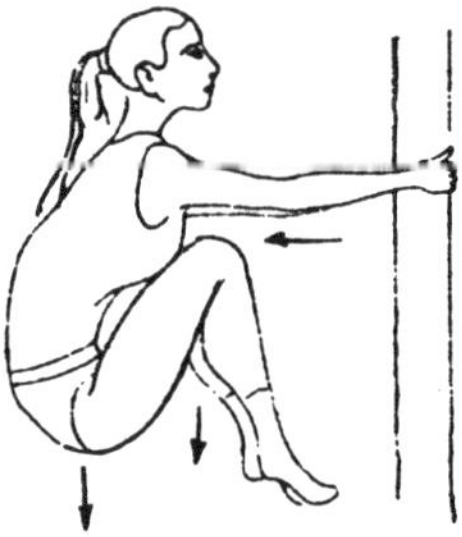

圖 72

作三十～四十次，共做四組（圖69）。

⑤身體略離柱子而立，兩手拉緊柱子，手與柱子的角度稍大於九十度角，挺胸，頭部微往上仰；臀部用力向後突，同時兩腿用力下蹬，重複練習二十五～三十次，共做四組（圖70）。

⑥身體離開柱子而立，兩手拉緊柱子，上身挺直，屈膝下蹲，提踵；臀部用力向下沉，呈坐著凳子的姿勢，此動作停留二分鐘，重複練習十次（圖71），共做一組。

⑦上述動作完成規定次數後，兩手抱緊柱子慢慢向下滑動，同時臀部用力帶動上身慢慢下降，屈膝，小腿用力使腳尖壓地，此時全身重量靠手拉緊柱子支持，重複練習二十五～三十次，共做四組（圖72）。

以上練習④～⑦動作是強化腰、腹、

臀、腿部肌力、柔韌性和靈活性的運動。

用力要點：主要利用手的力量拉緊柱子；利用腿的蹬力，配合手力，鍛鍊腰腹的柔韌性，使腰、腹部均具靈活性。

功效：能使夫妻雙方的腰、腹和臀部的靈活性大大增強；能提高性愛活動時的腰、腹和臀部的折合力、協調性、柔韌性與耐久力，防止因較激烈的性愛活動而造成腰肌勞損等損傷。

(3)、強健陰道肌，延遲陰道衰老期

美滿幸福的婚姻生活，除了賴於愛情和感情的維繫外，性生活的維繫也是相當重要的。有道是「夫婦打架，床頭打床尾和」，大大區別一般朋友和親人的關係。無論夫婦之間吵得多厲害，有時只要是其中一方主動安慰對方一番，或是熱情地給予對方一番愛撫，當進行一次「魚水交歡」之後，那麼縱使雙方曾有滿腹怨氣，也會煙消雲散，雨過天晴。

在性交過程中，陰道是性交器官，陰道壁有著豐富的神經和血管。在性衝動高潮時，陰道肌肉會發生有節奏的收縮壓迫陰莖，使雙方產生快感，激發射精。因此，女性的陰道是否有較强的收縮、舒張力，對性愛生活是很重要的。所以，平時若能夠在運動中有意識地增加一些對陰道的收縮、舒張有幫助的運動是很有必要的。此外，也能使陰道的老化期不會那麼早出現，夫婦的性愛生活就得到了自然的延長，從而延遲女性衰老。下面介紹的

兩組「性活力强健法」的動作，是從醫學角度與健身運動相結合而科學設計的，並經過一些女性的多年實踐，證明是簡單易學、行之有效的。具體方法如下：

①身體直立，兩手向後拉一支持物，兩腳尖壓地面，腳跟提高，雙腿先蹬直，一腿利用腳尖用力壓向地面，腳跟著地。此時，另一腿膝部彎曲，腳跟離地；兩腿交替，一曲一直不斷壓地、提高，像用腳尖用力踏自行車一樣，交替練習二十五～三十次，共做四組（圖73）。

②挺直身子立正，兩手叉腰，一腿腳尖向外，另一腿利用腳尖提高時，膝部彎曲並再用力使腿蹬直，使肌力一直傳向陰部和小腹；在一腿進行動作時，原來支撐於地面的腿的膝部也隨之而自然彎曲，兩腿交替練習二十五～三十次，共做四組（圖74）。

③叉腰站立，兩腳間距離較肩寬，兩腳呈外「八」字形；腳尖用力蹬地，使腳跟離地；然後兩腳跟用力壓回地面；做動作時，大腿、小腿、臀部、腹部的肌肉綳緊，膝關節伸直，連續做雙腳提踵動作二十五～三十次，共做四組（圖75）。

以上練習①～③動作是强健腿腹部肌力的運動。

功效：靠兩腿運動之力，使靠近陰部的大腿內側肌力增强，彈力增大，能使陰道有較强勁的收縮力、舒張力和持久力。

④坐在躺椅上，背靠緊躺椅，兩手自然扶在椅子的把手上；兩腿蹬直、抬高，離椅面

圖 73

圖 74

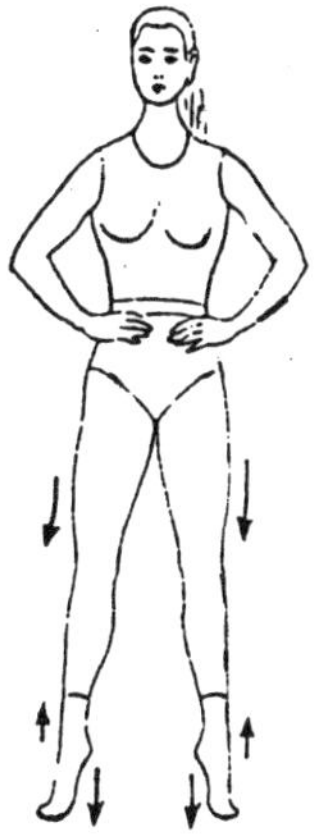

圖 75

二十公分，約成三十度角，兩腳交替做繃直、屈起的動作。然後還原，連續做二十五～三十次，共做四組（圖76）。

⑤坐在躺椅上，背靠緊椅背，兩手自然扶在椅子的把手上；兩腿分開成約三十度角；兩腳掌和兩腿形成「L」形，然後把兩腳掌收緊，和兩腿形成「一」字形。兩腳掌重複練習二十五～三十次，共做四組（圖77）。

⑥坐在躺椅上，背靠緊椅背，兩手自然扶在椅子的把手上，兩腿蹬直，並分開成約六十度角，兩腿分別抬高至與椅面距離約二十公分；兩腳踝繃直，然後兩腿再迅速分開，再合

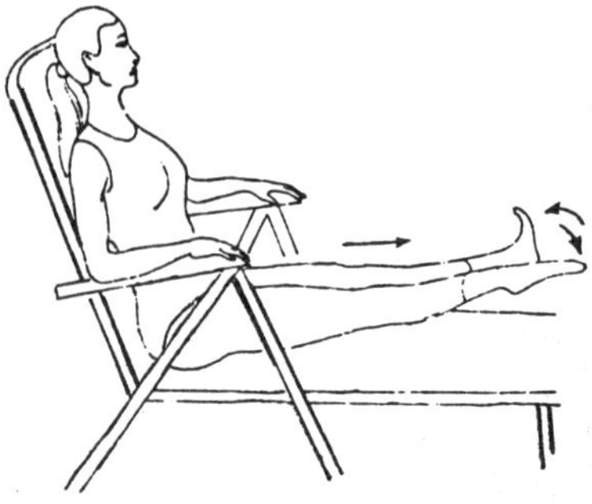

圖 76

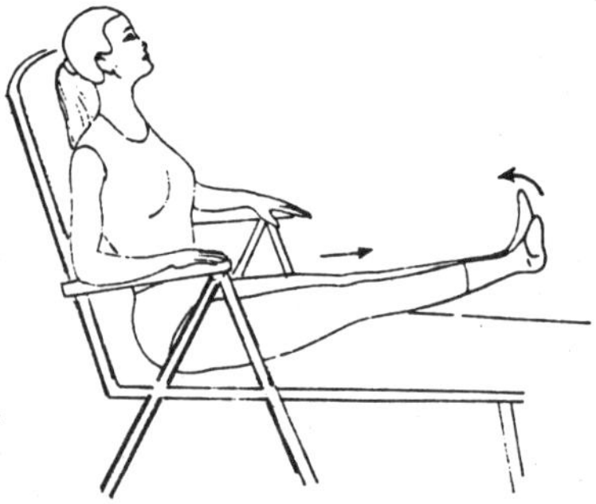

圖 77

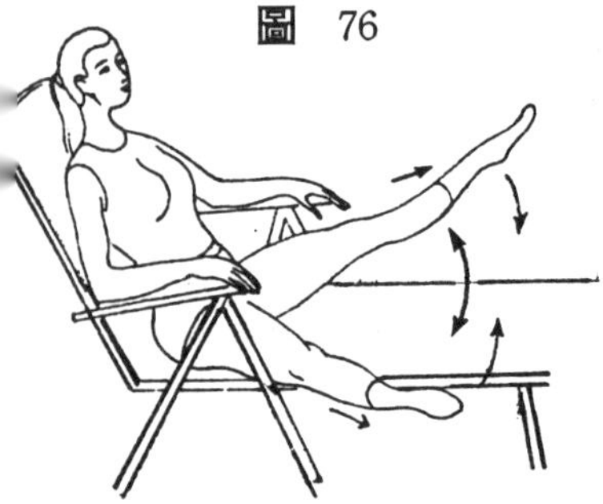

圖 78

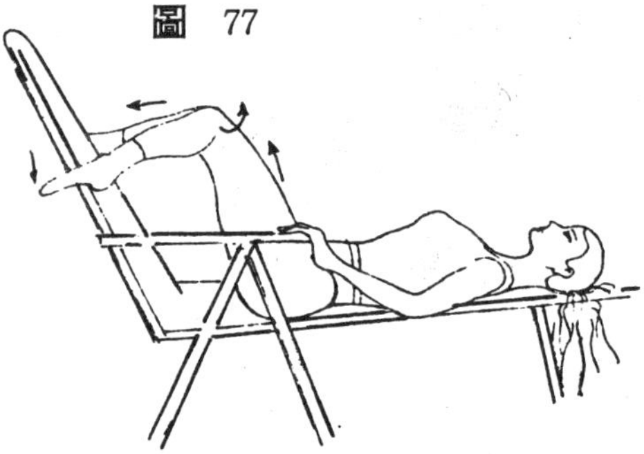

圖 79

攏。

連續做二十五～三十次，共做四組（圖78）。

⑦躺在躺椅上，腳向椅背端，兩手自然搭在椅子的把手上，兩腿彎曲，腳踝繃直，兩腿分開，分別用踝內側夾緊椅背的兩側；兩膝用力轉動臀部，使兩腿靠近，然後分開，再靠近，再分開。連續做二十五～三十次，共做四組（圖79）。

以上練習④～⑦動作是增强陰道壁肌肉彈力的運動。

功效：均能加强陰道壁肌肉的彈性，使外陰道收縮力增强，從而提高性交的質量。

(4)、強健性肌肉——使你的「愛液」分泌旺盛

一般說的女性的潤滑液，就是由陰道口的前庭大腺分泌出來的稀薄黏液，被稱爲「愛液」。當受到性刺激時，這種「愛液」會分泌得很多，而具潤滑的作用。從而防止陰道乾澀。據說「愛液」豐富的女性較多情。但這種「愛液」也會隨著年齡的增加而變少。所以，下面介紹的運動除了能改善陰道張力狀況和提高性機能外，還能豐富陰道組織的供血，使陰道壁增厚、促進前庭大腺的分泌，使陰道加倍滑潤。

具體方法如下：雙手拉著腳踝坐於地板上，兩腳相抵，合起腳掌，雙膝儘量分開，然後使身體反覆性地向前後擺動。雙手不要放開，而一直用力拉著腳踝，就像不倒翁般的運動。重複練習二十五～三十次，共做五組（圖80—①②）。

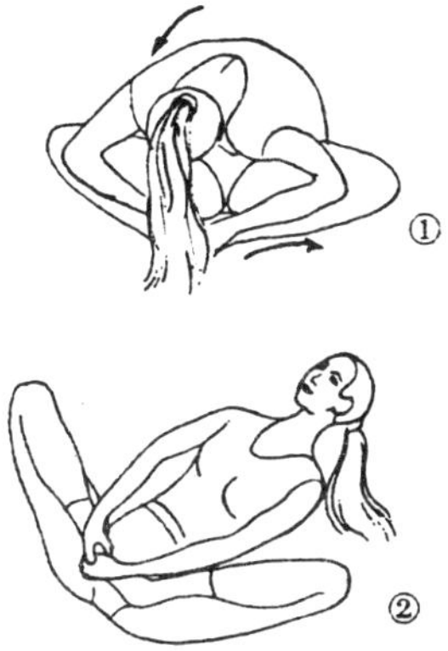

圖 80－①②

提示：練習時，呼吸要自然，意念要高度集中，意想「愛液」如泉湧。

(5)、飲食營養——性愛持久的「物質基礎」

性生活是夫妻恩愛和諧的重要組成部份。一般說來，男子對性的慾望要比女性強，常居主動地位。如果男子性功能低下，就可影響夫

妻性生活的和諧，會給夫妻關係蒙上一層陰影，這常常使作丈夫的感到憂慮和苦惱。

爲了提高性功能，强化性愛持久力，不少男子到處尋醫覓藥，以期求得壯陽生精的良藥。的確，有些藥物是能夠提高男子的性功能和性愛持久力的，但多半只是暫時性的，並非長久之計，而且用多了還會產生一些副作用。其實，飲食中自有生精壯陽品，增强男子性功能和避免性功能過早衰退的最好良方。也可以說，飲食營養是性愛持久力的「物質基礎」。

從營養學和精液的組成角度來看，生精壯陽的食品大致可分爲以下四類：

第一類，即富含性激素及合成激素的膽固醇、卵磷脂等等，因其對生精有益，能促進精原細胞分裂與成熟。這些食物多是動物的內臟，如羊腎、豬腎、狗睪丸、牛鞭、雞肝、雞蛋和胎盤等等。現代生理學、生物化學的研究證明，以睪丸酮爲代表的雄性激素在人體內的含量雖然微少，但對男性的生長、發育、生殖、代謝等基本生理過程有著極其顯著而重要的作用。雄性激素是一類有機化合物甾體，在人體內是由膽固醇經過化學變化而轉變成的。而動物的內臟、肉類、魚類、禽蛋中含有較多的膽固醇，被人體吸收後就能使體內雄性激素水平升高。尤其是動物內臟，本身就含有腎上腺皮質激素和性激素，對精液量的增加和精子的生成，以及肌肉纖維的增粗和肌力的强健十分有利。

第二類，即富含精氨酸，核酸和多糖等成份的食物。這些食物多數爲黏膩滋陰，如海參、墨魚、章魚、鱔魚、龜和蠶蛹等。此外，還有一些富含精氨酸的素菜，如豆腐、花生、核桃、大豆和紫菜等等。科學研究表明，精子蛋白質中含有較多的精氨酸，精氨酸雖然不是人體必需氨基酸，但由於它在人體內合成的速度極爲緩慢。國外資料證明，精氨酸具有消除疲勞、提高性功能的作用。目前，法國市場上已有三十多種精氨酸製劑，其中有針劑、片劑、顆粒狀產品，頗受中年男子的歡迎。日本有一種以精氨酸爲主要原料，配以維生素和蜂蜜製成的飲料，十分暢銷。現代生物學分析表明，鱔魚、墨魚等食品中含有較多的精氨酸。這些食物中的大量滑黏物，其主要成分就是精氨酸。

第三類，即富含鋅、銅、鎂、鈣等對生精有益的金屬元素的食物。微量元素鋅有「夫妻和諧素」之雅稱。分析化學研究表明，精子中含鋅量高達千分之二，人體缺鋅會導致性功能下降，甚至出現不育症。科學研究已證實，缺鋅會使精子數量減少，畸形精子數目增多。而含鋅量最高的食物當推鮮美可口的牡蠣，每一〇〇克牡蠣中約有一〇〇毫克鋅，其次是瘦肉、核桃、花生、芝麻、紫菜、動物內臟，粗雜糧等。銅雖然沒有鋅那樣有夫妻和諧素的美譽，但是人體血清中銅的含量偏低，也會引起男子不育。一般能常吃些禽蛋、肉類、肝臟和一些豆製品，是不會缺乏銅這種微量元素的。

在上述的各種食物中，大多有豐富的優質蛋白質，一些食品中還會有可溶性的維生素E，其中芝麻中的維生素E含量較高。優質蛋白質和維生素E對促進新陳代謝、延緩衰老和避免性功能過早衰退，都具有積極的作用。

第四類，則是既能入藥，又能上席之品。中醫稱其有「補腎生精」之功。主要有羊肉、淡菜、鹿茸、膃肭臍、海馬、獐肉、摩蘿子、菟絲子、肉蓯蓉等。

4. 夫妻性活力按摩強健法

夫妻間美滿的性生活是家庭幸福的重要條件，夫妻之間要有愛情的內心連結和圓滿的身體接觸。爲此，要求夫妻之間應互相了解、互相尊重、互相幫助、互相愛護。

平時的肌膚接觸，例如輕輕握手散步，一起洗澡等，對夫妻間的內心溝通來說，是極爲重要的。因此，按摩是夫妻間的愛情連接，工作之後疲勞而歸的夫妻，入睡互相用手在身體各部位按摩，互相進行肌膚接觸以增進內心的接觸。

每一個人都期待著夫妻間的情感滿足，而氣力、體力、活力是强化性功能、提高性慾望、獲得性快感的三個重要因素。氣力是人的全部元氣；體力是人的肌肉力量和耐力；活力是人的內分泌或自律神經，也就是人的實際生理機能活潑度。提高强健性愛活力的三要素，最重要的是保持平時身體健康、身心健美、性肌肉强健，有規律的工作和生活，增加生活中的情趣，多做健身運動，注意節慾和養生。

(1)、提高夫妻性活力的按摩法

夫妻雙方身體的柔軟和氣力、體力的充實與强健，是保持性能力、提高性活力的重要前提。腳、腿和腰部肌肉乾癟，關節韌帶僵硬，表示人的衰老，或是性慾及性能力的減退。特別在腰、腿、腳部位上的腎經、膀胱經兩個經絡有氣血滯留時，便會抑制性活力，導致性能力的衰退。因此，按摩腎經和膀胱經是强健腰、腿、腳部的有效手段。

①腎經的按摩：取仰臥姿勢，在腎經經絡上先做手掌按摩，再在相同路線上做手指揉捏；腳部的經絡要很好地揉捏，對大腿内的腹股溝、小腿的内側等部位做拇指揉捏，做腳裡經絡的拇指揉捏時，取俯臥姿勢。湧泉穴要做拇指壓迫。

②膀胱經的按摩：取俯臥姿勢，由頭到腳跟，對膀胱經絡做手掌按摩。對背部脊柱兩側三公分線上（肺俞、胃俞、大腸俞等的線）與六公分線上（通過膏肓、志室等的線），由上到下爲止做拇指揉捏；取側臥姿勢，對足經絡做拇指揉捏或指握揉捏。

上述按摩法，夫妻雙方互相按摩，每次按摩十五～二十分鐘即可。

(2)、開發夫妻性感靈點的按摩法

男性的性感帶在哪裡呢？這是個有趣的問題。比起女性來説男性的性感帶較少。男局部性感帶與女性相同，即耳朵、大腿内側、腋下、肋腹、乳頭、恥骨、尾骨部分等爲最敏感部位。

靈點是「長強」，此靈點是增進陰莖勃起的最有效部位；會陰（肛門與性性器官間的靈點，一般肛門稱爲後陰，性器官稱爲前陰）是增進及發揮性機能的靈點。

女性的性感帶比男性多，全身到處都有，即全身都是性感帶。但有些性感帶與精神因素有密切的關係，所以在沒有很深的情感時，這些性感帶反應遲鈍。女性靈點是會陰、會陽、京門等，這些靈點對性刺激很敏感（圖81—①②）。

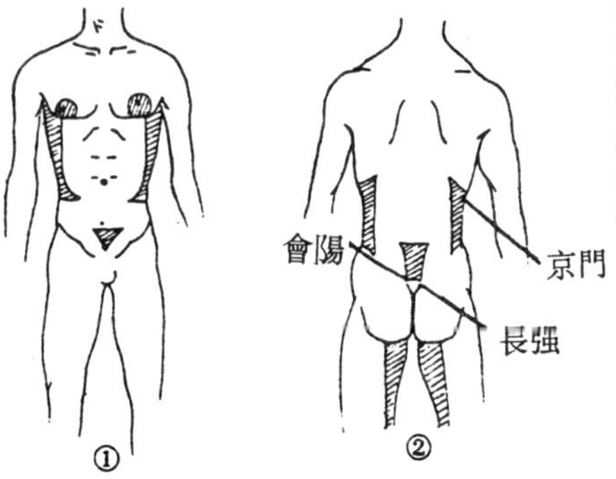

圖 81－①②

刺激和開發夫妻雙方性感帶的方法是按摩中的按撫，用指頭輕輕按撫皮膚表面，有時爲了刺激觸覺也可以使用羽毛按撫，效果比較理想。每天早晚各按摩一次，時間爲十五～二十分鐘。

(3)、喚醒夫妻情慾的按摩法

這裡向精力減退和性生活漸漸成爲墨守成規的夫妻，介紹一種秘傳的按摩方法。因爲有速效，故宜從今晚就開始試一試。

這種方法也是由夫妻互相做。在對方肛門與生殖器中間的稱爲會陰穴處，用中指輕輕地好像回轉似的摩擦。注意，如果用冰冷的手指摩擦，便會產生相反的效果，故在寒冷的季節裡，宜先將手掌互相摩擦，使手變得溫暖後，再開始輕輕地摩擦。摩擦一〇〇次後，身體就會溫暖起來。

這是促進內分泌，喚醒夫妻性慾，且能治療不孕症的夫妻最佳互助醫術。

(4)、加深夫妻感情的按摩法

大腿內側有不少穴道和經絡，像「足太陰脾經」、「足少陰腎經」和「足厥陰肝經」等，都是貫通身軀上下的主要經穴。大腿內側也是性感區之一，許多性敏感穴位均集中於此。妻子假如患了性冷感，或丈夫經常爲性事而煩惱，請夫妻雙方留意大腿內側的部位，輕輕摩擦，可以促進內分泌，加深夫妻感情。

首先，夫妻一方仰躺，放鬆全身的肌肉，雙腿分開，雙手放在大腿內側，輕輕擦揉，白腿內側根部至膝蓋爲止。這種按揉法，能刺激全身性感帶，有些較敏感的妻子會引起亢奮的感應。

上述按摩法，可以刺激到位於大腿的經外奇穴，有促進內分泌的功效，因此對性冷感症或精力減退的夫妻效果顯著，許多煩惱也就自然一一迎刃而解，從而加深夫妻間的感情。

上述按摩法，約每星期或十天之內做一次即可，不宜過多。

(5)、激發夫妻性慾的按摩法

人人都喜愛進浴缸，洗澡的目的不僅是使身體清潔，也爲了除去疲勞以得到鬆弛和沐浴的快感。最好的方法是夫妻兩人一起洗澡，進入同一浴缸而享受夫妻的快樂，再互相洗身體各部位，會得到激發性慾的特殊效果。

在浴缸內做按摩時，可在頭和肩部披上毛巾以不引起滑動，最好把香皂塗在身上再做全身按摩。對夫妻來說，最好用刷子進行按摩，用浴用刷子（或毛巾）加香皂打滿全身做數分鐘的摩擦刺激。刷子摩擦刺激加上緊張感可提高皮膚的新陳代謝，對美容及提高皮膚的感覺都有顯著效果。另外，對皮膚刺激有反射作用，可增進內臟的功能，提高性慾望，豐富性愛生活。

(6)、促進夫妻性激素分泌的按摩法

下面介紹的按摩法是給稍感有性慾倦怠的中年夫婦。不論丈夫或妻子實行腿根摩擦，都能促進內分泌激素的分泌，使性激素分泌趨於活潑，不過丈夫與妻子的按摩法稍有不同，不能混爲一談。

首先說妻子的按摩法。先坐下把左右雙手都放在大腿根部內側，斜著摩擦三十六次，然後把手放在小腹部，在肚臍下方摩擦小腹的左右部份，也做三十六次。

丈夫爲了不使按摩過程受到阻礙，可以先用一手把陽具靠在一方，再像上述妻子按摩法一樣，用手在大腿根部內側做上下摩擦三十六次，跟著雙手交替進行。隨後，由下往上

抬高陽具，摩擦下腹部三十六次。

這種摩擦的方法，可以促進性激素分泌，令稍有性慾倦意的夫婦重新有充沛的精力。如果做完上述的按摩法後，大可順勢用雙手伸到背後，做揉按後腰的動作，上下按擦腰部約二十次。如此則腰部溫暖有力，與上述促進性激素分泌的按摩法相配合，就更能提高强精固腎的效果。整個按摩過程亦不過幾分鐘，淺簡易做。

5. 夫妻強身性愛健身操

一個人運動往往很難持久，如果夫妻互相鼓勵，一起練習，一定會更有樂趣地持續下去，收到百分之百的效果。下面介紹的「夫妻同練的强身性愛健身操」，試一試你就能感受到愛情生活中的一種新的親密感。

(1)、夫妻恩愛健身操

①一人背另一人，背人者稍屈膝，保持屈膝姿勢十秒鐘左右，然後交換。如丈夫被背，妻子可以量力而行，也可以不屈膝或微微屈膝，重複練習十~十五次，共做四組（圖82）。

功效：強化腰腿力量，加深夫妻感情。

②一人仰臥，雙腿屈膝抬起，大腿與小腿成九十度角，另一人用雙手按住仰臥者的兩

圖 82

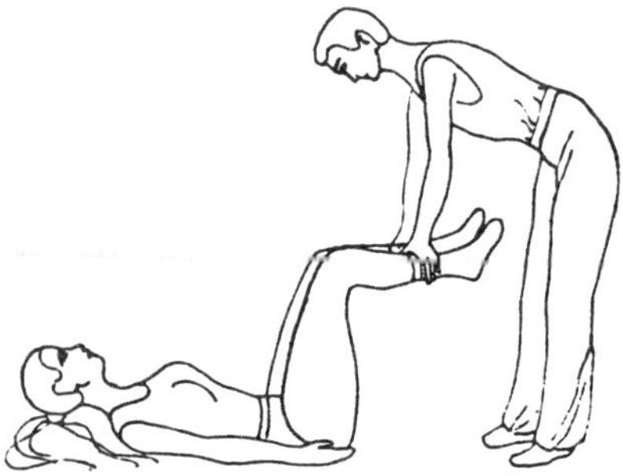

圖 83

腳踝部（或小腿），仰臥者力爭向上抬小腿，企圖伸直腿。兩人用力對抗堅持十秒鐘左右，重複練習十～十五次，共做四組（圖83）。功效：強健腰、腹和腿部肌力，豐富夫妻性生活。

③一人仰臥在地，屈腿在胸前，另一人雙手扶住仰臥者雙腳掌，全身傾斜，但身體要保持平直狀態。仰臥者用力蹬直雙腿，將上面的人蹬起，而後再屈膝，反覆做屈、蹬動作十五～二十次，共做四組（圖84）。功效：强健腰部和腿部肌力，提高夫妻情慾。

④一人俯臥，頭和腳朝反方向上方提起，另一人用兩手向下按壓，重複練習二十五～三十次，共做四組（圖85）。功效：强健腰背肌力，促進夫妻性激素分泌旺盛。

⑤一人仰臥，一腳腳踝放在另一腿的膝蓋上。另一個拉著卧著的人的腳踝和膝蓋，一直把它向一

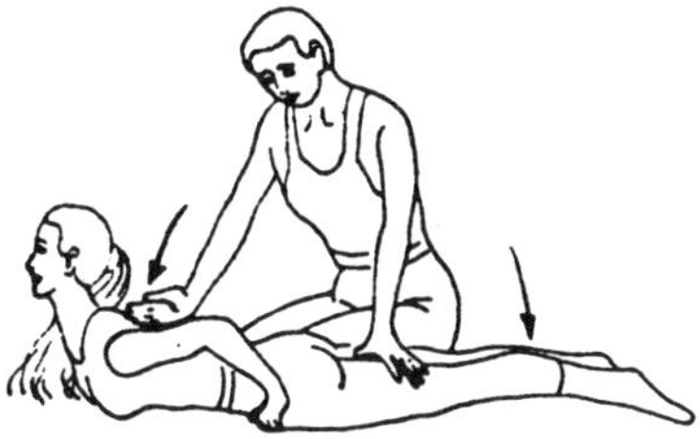

圖 84

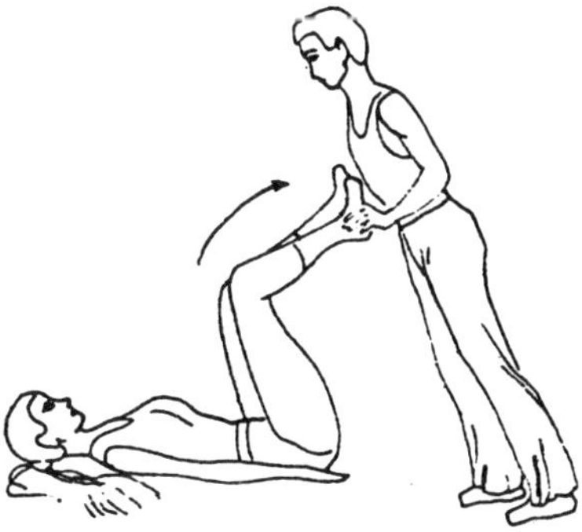

圖 85

圖 86

邊扳倒，直到觸地爲止，重複練習做二十次，共做四組（圖86），雙腿都要做。躺著的人上半身不要動。功效：可消除身體疲勞，使下半身柔軟，增强性活力。

⑥一人仰臥，大腿併攏抬高，另一人把她併攏的雙膝向左右兩邊扳開。重複做十～十五次（一次用五～六秒鐘），共做四組。被扳的人要抵抗扳開的力量，不要讓他扳開。功效：這種扳開膝蓋的運動，可以强健括約肌，改善陰道機能，提早恢復產後身材（圖87—①②）。

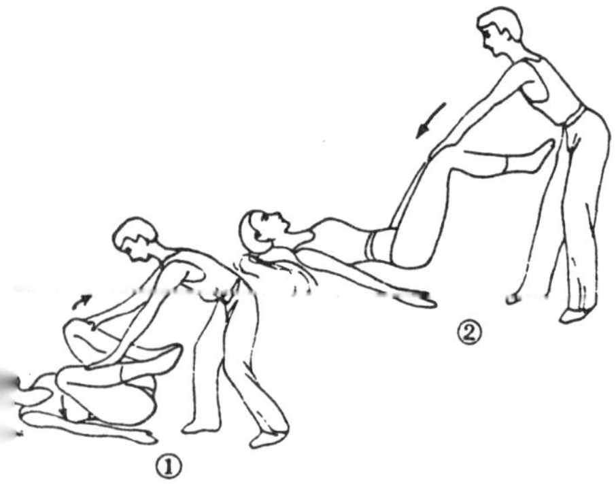

圖 87－①②

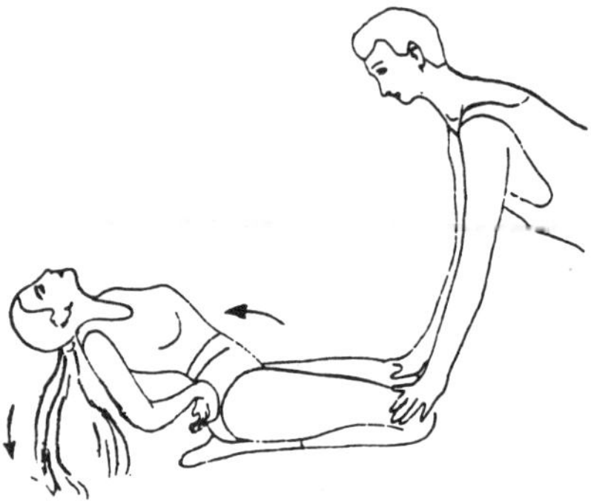

圖 88

⑦一人正跪坐，雙手插腰。另一個按住她的雙膝蓋。正坐的人慢慢地把上身往後仰，再起身。反覆做十～十五次（一次用八～九秒鐘），共做四組（圖88）。功效：可以强健腹肌，消除贅肉，强化内臟功能，塑造美麗的身軀。

⑧一人仰臥，兩腿伸直分開，另一人俯臥，趴在下面人的大腿間，兩人身體貼緊，同時慢慢地把腿伸直抬高。反覆練習十～十五次，共做四組（圖89）。上面的人要用雙手肘支持上身，穩定身體。功效：可以鍛錬腹肌，消除腹部的贅肉，使腿、腰背部的肌肉强健。並防止夫妻性生活陷入厭倦狀態，增進夫妻感情。

⑨一個人雙腿分開坐下。另一個人跨坐在他的大腿上。握住跨坐的人的雙肩向後拉，反

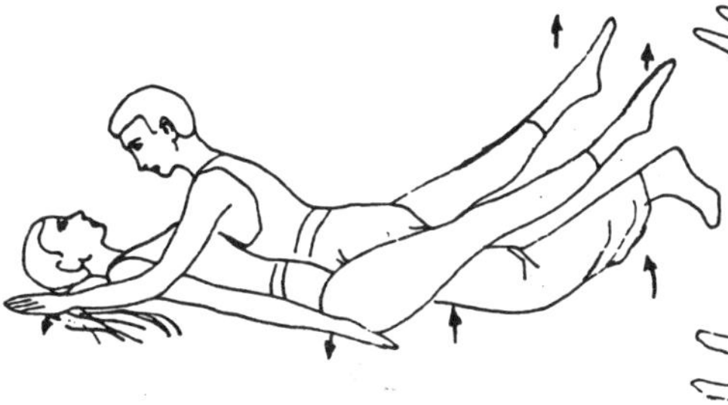

圖 89

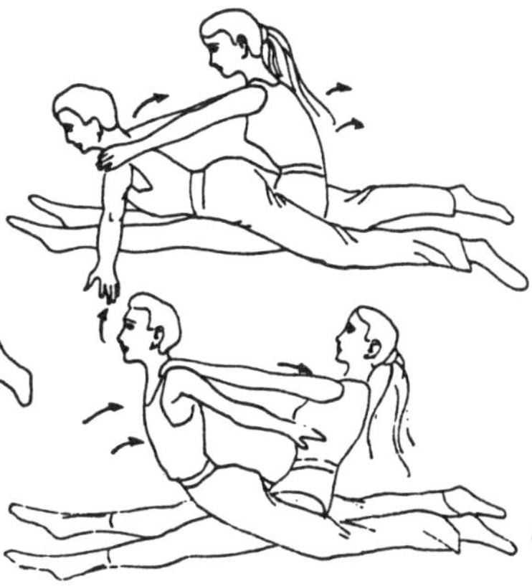

①

②

圖 90－①②

覆練習十～十五次，共做四組（圖90—①②）。被拉肩膀的人，雙手像飛機飛行一樣向兩邊伸直，胸部要挺起來。拉肩的人要慢慢地拉。功效：這種運動對妻子來說，可以創造豐腴健美的乳房，強健腹、背部肌力，最適合姿態不佳和經痛、胃下垂的人來做，對丈夫來說可以增強腰、背和腿部的肌力和彈性，強健性活力。

⑩兩人相對做肩肘倒立，彼此腿和臀部密貼（圖91），保持一～二分鐘，反覆練習十～十五次，共做二組。功效：可以強健腰背、腹、腿、臀部的性肌肉，健美身體，增強魅力，做起來還是一種美妙的享受。

(2)、夫妻強身美體健身操

肌肉富有彈性、韌帶伸縮性強，是肌肉健美不可缺少的。夫妻強身美體健身操，除強健

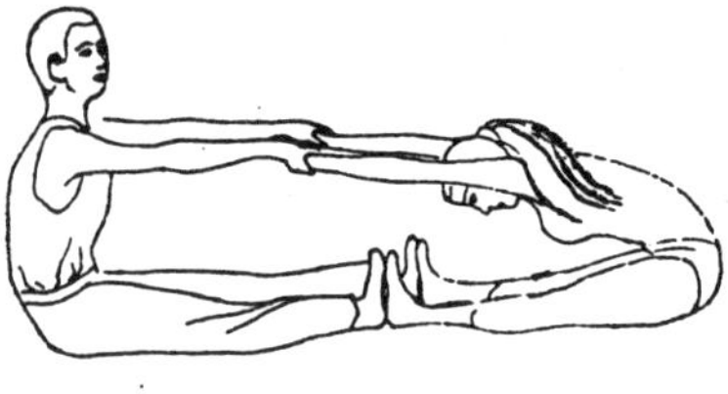

圖 92

圖 93

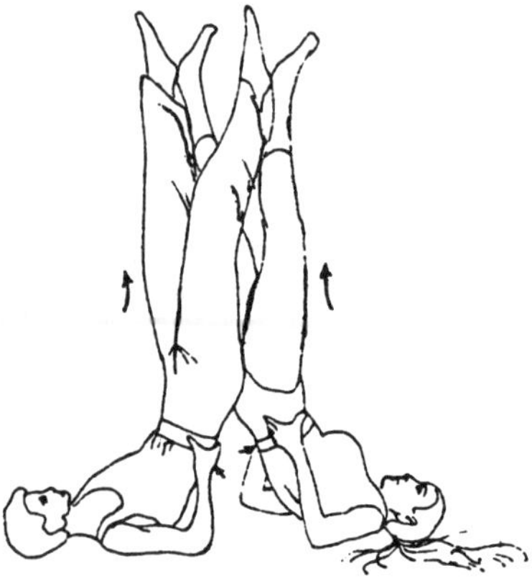

圖 91

肌力外，做伸拉肌肉、韌帶的柔軟體操是重要的練習。夫妻互爲教練，伸拉身體各部，對促進夫妻間的感情，克服各自的弱點，創造更性感、更具魅力、更健美的身體效果頗佳。

①夫妻兩人面對面，雙腿伸直，兩人的腳掌相對，互相拉手，一方用力輕輕拉對方，使其身體最大限度前傾，停留二十～三十秒鐘，連續做二十～二十五次，共做四組（圖92）。向下彎腰前傾時，呼氣，抬起時吸氣。兩人交替進行向前屈體動作，腰要伸直，不得彎曲。

②動作基本同上，兩腿分開，交替使對方上體前屈，反覆練習二十～二十五次，共做四組（圖93）。

③一腿支撐直立，另一隻腿放在對方的肩上，支撐腿和抬起腿都不得彎曲，保持這種姿

勢二十秒鐘左右，兩側交替反覆練習十～十五次，共做四組（圖94）。

④一手扶牆或床，一側腿向側面抬高，另一人協助將抬高的腿扶支在可以忍受的最大限度位置上，保持這種姿勢二十秒鐘左右，兩側交替反覆練習十～十五次，共做四組（圖95）。

⑤動作基本同上，只是將一腿最大限度地向後抬起，保持這種姿勢二十秒鐘左右，兩側交替反覆練習十～十五次，共做四組（圖96）。

⑥仰臥，一人協助將一側腿向前壓，腰不得離開地面，兩側交替練習十五～二十次，共做四組（圖97）。

⑦仰臥，雙腿舉過頭，一人在一旁，協助輕壓，使其雙足尖觸地，保持這種姿勢二十秒鐘左右，反覆練習十五～二十次，共做四組（圖98）。

(3)、**夫妻性活力強健操**

夫妻生活中，如有一方性功能弱，就會產生性生活不和諧。長期不和諧的性生活，使雙方感到苦惱，有的甚至導致婚姻破裂。因此，強化性功能，提高性活力，對夫妻生活十分重要，特別是四十歲以上的人，尤其值得注意。

對於妻子來說，提高、強化括約肌力量，是強化性功能、提高性活力的關鍵，由於女子的陰道伸縮性很大，既可像貝殼一樣緊閉，又可張開很大，大得可使幾千克新生兒通

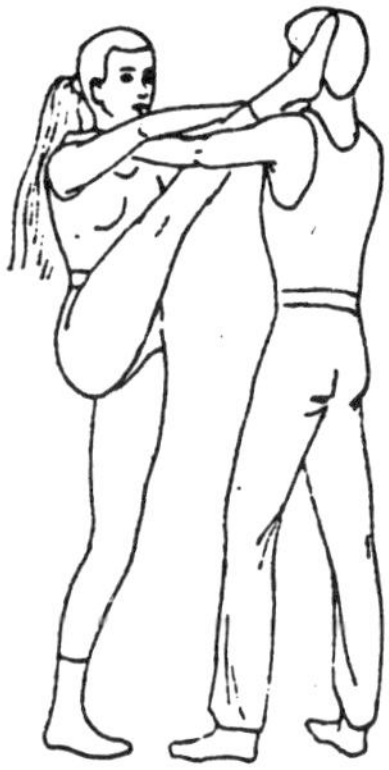

圖 94

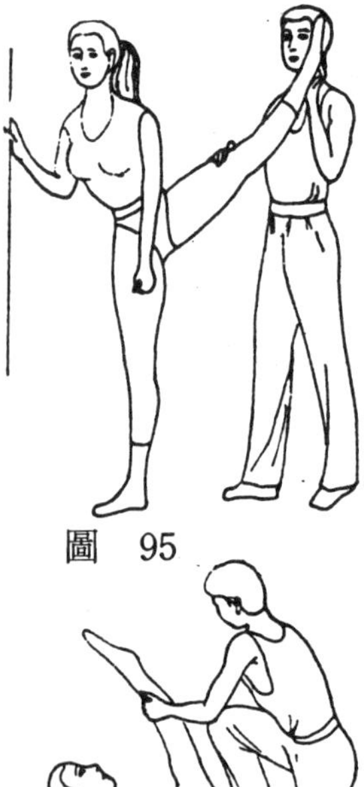

圖 95

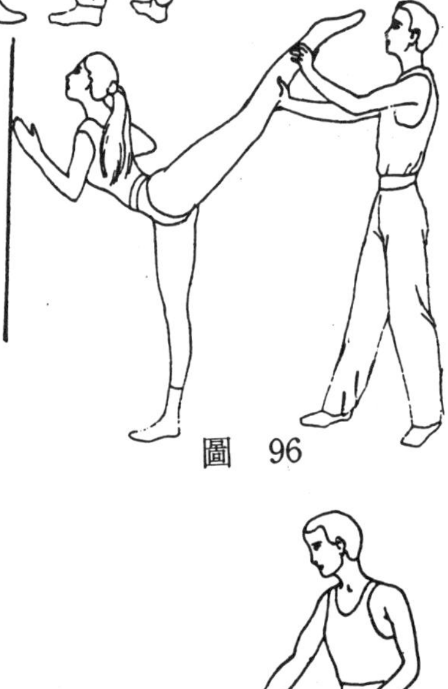

圖 96

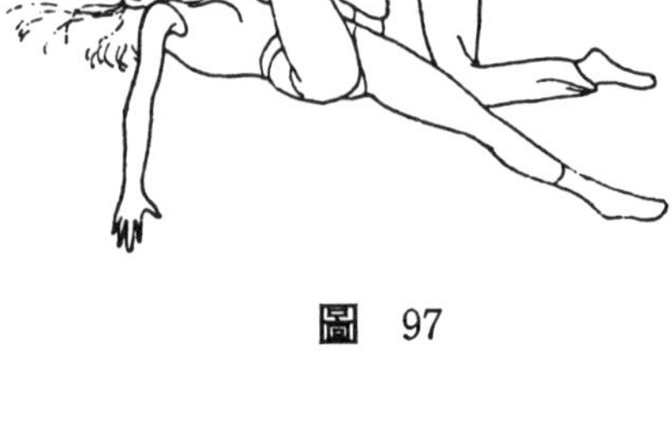

圖 97

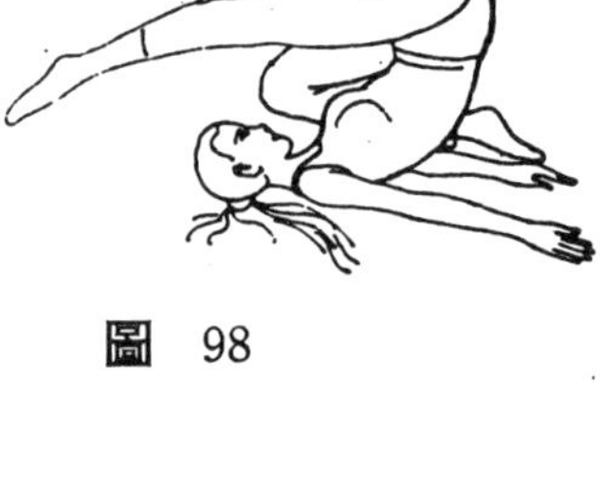

圖 98

過，但一旦陰道失去彈力，不能收縮，鬆弛無力，就會大大影響夫妻性生活和諧。所以，妻子應該經常鍛鍊下肢，提高隨意收縮肛門的能力，使括約肌有很强的收縮能力。具體做法如下：

①仰臥，腰椎部緊張用力，以腰部力量壓床，同時用力收縮腹肌，堅持十秒鐘，可以有效地强健括約肌，反覆練習五十～一〇〇次，共做四組。當可以輕鬆地完成這個動作之後，可以將雙腿伸直，做向上挺腰的練習，效果更佳。兩種動作可以交叉練習。

②雙腿併攏，直立，用力收縮肛門。做這個練習的要領是，收腹縮臀，用力收縮十秒鐘。重複練習五十～一〇〇次，這個練習可隨時隨地經常進行，也可以坐下來練，如開會、乘車中，都可有意識地巧妙利用時間，悄悄地鍛鍊。

對丈夫來説，提高、强健腰、腹、胸、臂部及大腿部的性肌肉力量及耐力，是强化性功能、提高性活力的關鍵，故除經常參加跑步、球類、器械等健身運動外（尤其是本書中前面介紹的性活力强健法），還應堅持練習以下幾節健身操：

①仰臥，雙腿膝部屈起，保持屈膝的姿勢，用力抬起肩背部，進行腹肌的强化練習。連續快速收腹練習二十五～三十次，共做三組。

②直立姿勢，向前邁出一條腿，屈膝做弓箭步，重心置於邁出的腿上，堅持十秒鐘。反覆做十五～二十次，左右腿交替進行，共做三組。强化、提高大腿和腰部肌肉力量。

③俯卧，雙腿分開並屈膝置於臀部兩側，雙小臂支撑，好像青蛙一樣趴在地上，然後做腰背部挺起、下落動作，反覆練習十五～二十次，共做三組。强化腰、背、腹、肩、臂部肌肉力量。

④仰卧，伸直雙腿，使雙足稍稍離開床面，然後屈膝，再緩緩伸膝，膝伸直仍然保持雙足懸垂姿勢十秒鐘左右，反覆練習十五～二十次，共做三組。能有效地强健腰腹肌力。

⑤仰卧，用肩和足跟支撑，使腰腹部挺離床面，也可以加大難度，向上挺腰腹時，以一隻腳跟撑地，另一腿向上抬起伸直腿，反覆練習二十五～三十次，共做三組。

⑥仰卧，頭和腳梢抬起，兩腳伸直做交替上下擺動。或左右交叉擺動，或輪流做屈膝蹬直的動作，要求雙腳始終懸空。反覆練習二十五～三十次。共做三組。

⑦仰卧，雙腿向上舉起並分開，雙手放在膝內側，用力向外推壓，而雙膝向内用力，力圖併攏，對抗用力堅持約十秒鐘，反覆練習十五～二十次，共做三組。也可以將雙手放在雙膝外側，用力向内推，而膝部則向外側用力，手臂和腿對抗用力。

上述第⑤、⑥、⑦節動作，對大腿内、外側、骨盆肌、腰背肌等性感區的肌力鍛鍊和强健性活力，具有顯著效果。

第四章　性與病的自我診治操作法

(一)、常見性疾病的健身運動療法

身心健康是保持性生活和諧的重要因素，如果身體欠佳，體弱多病，或心緒不佳，心情抑鬱，都不能使性生活和諧。甚至使一方發生性功能障礙，如男子陽痿，女子陰冷等症狀。另外，縱慾者常會出現腰膝酸軟、氣短心跳、頭暈眼花、精神萎靡等現象，還會誘發許多疾病。

所以，縱慾者應自覺減少性刺激，分散對性生活問題的注意力等，可採用適當的健身運動來增强體質，也可用夫妻分居以減少性生活的頻率來調整身體狀況。健身運動療法可安排健身操、按摩、氣功、慢跑、球類和武術等方法，循序漸進地進行鍛鍊，自然會增强體質，健美身心，保持旺盛的精力，提高性慾望，强化性功能。

下面介紹幾種常見性疾病的健身運動療法。

1. 陽痿的健身運動療法

(1)、氣功治療陽痿法

功前準備：先排除大小便，入坐，休息三～五分鐘，使心情安靜下來。

練功的姿勢和方法：

坐在方凳上或椅子上，兩腳分開，平放在地上，兩手自然放在大腿上，全身達到輕鬆舒適爲宜。

意守丹田：入坐後先排除雜念，用心注意到丹田（肚臍內），兩眼輕輕閉上，內視丹田，兩耳的聽力也移到丹田，然後有意的在呼氣時將丹田輕緩的向裡吸，在意想上已與後腰部相貼，當吸氣時再慢慢地將丹田部放回來，稍停，再反覆做二～三次，就靜靜地守著丹田。

意守命門：命門在第二腰椎下（與前面肚臍相對），在守丹田有了一定基礎後（臍部有跳動或發熱感覺），即可守命門。方法是：在守丹田時，丹田有了熱的感覺，用心意由丹田一直引向命門。

意守會陰：靜靜地守著。會陰稱下丹田，在肛門與陰器之間。當意守命門有熱的感覺或跳動時，然後用心意引向下丹田，反覆引幾次以後即靜守會陰。

練精化氣：意守各穴位時，可能出現舉陽現象及射精感覺，意守會陰時更易發生，出現此現象即採用練精化氣法。臨床常用的吸、貼、提、閉四字法。方法是先意守丹田，然後用意念由龜頭向會陰吸，由會陰提過尾閭，同時閉口咬牙，舌貼上顎，提緊手腳，緊縮肛門，同時用意尾閭向上提，經夾脊、玉枕，過泥丸到上丹田（兩眼之間）守住片刻，連同口中津液，送於中丹田。如此三次，一般陰莖即可萎軟，仍在中丹田收功，否則仍可再作幾次。

以上三個穴位，不一定每個患者將按步驟去做，如在守丹田穴時，就出現舉陽或下丹田有熱的感覺，即可應用練精化氣法，病情也會很快好轉，其它二穴可不必再守。

收功的方法：意想圍繞丹田轉周數，先從小到大（從內向外），從左向右轉二十四圈，然後反過來從大到小（從外向裡），從右向左上方轉二十四圈。搓搓手和臉即可。

注意事項：①練功必須有信心、決心、恒心，每天堅持練功，不能間斷，方可收效。②每天堅持練功二~三次，每次一小時左右，一般兩個月內均見療效。③避免精神上的刺激，應注意控制，一定要心平氣和，這樣較容易入靜。④在練功中，出現舉陽時，不要過性生活，最好鞏固一個月以上，以後視病情輕重必須有所節制。⑤飯前飯後半小時不宜練功。

⑵、**扭動身體和刺激大腿根部，促進性荷爾蒙的分泌。**

姿勢：仰卧，雙手撐住腰部，在保持軀幹不搖擺的情況下，雙腿併攏向上抬起，隨之左右腿向兩側分開，然後再併攏，再分開。如此反覆進行，直至自感疲勞爲止。

功效：逐漸利用反彈作用，用力張開雙腿，可以刺激大腿根部，產生精力，達到治療陽痿的效果。

2. 早洩的健身運動療法

(1)準備姿勢：坐於床上，兩腿向前伸直，頭腦中排除一切雜念，頭部、頸部直到跟腱部要徹底放鬆。

(2)略低收頦，盡量伸展腰部，然後邊呼吸邊做上體前傾的動作，做數次。

(3)盤腿坐，兩足足心相對，兩條大腿盡量分開，雙手叉腰，做向前屈體動作，同時用力收縮肛門括約肌，反覆做數次，呼吸頻率要慢。

(4)小便時，有意識地突然中斷排尿，約停五秒鐘再排尿，反覆幾次（不超過五次），在中斷排尿片刻之際，用足尖著地更爲有效。

(5)一般腰肌無力，很容易引起早洩，因此强健腰部力量很重要，可做如下健身操：

①兩足開立，半蹲姿勢，配合著呼吸，做緩緩地自由轉體動作，以意念想像腰部肌力在加强。

②兩足開立，體前屈，雙臂自然下垂，雙腕上提，使手掌與地面平行，以腰爲軸，向左右轉動劃圓，配合緩慢呼吸，意念想像腰部肌力在加强。

3. 遺精的健身運動療法

(1)、氣功治療遺精法

練功姿勢：仰卧在床上，枕略高，兩腿伸直，兩腳跟間相距約三十公分，兩手靠近兩胯，置於其旁，姿勢須自然舒適，兩目内視（要求對外界視而不見），閉口，舌抵上顎，舌尖在門齒牙根處。

練功方法：靜卧床上，摒除雜念。呼氣時，將肛門一縮一提，同時小腹内收後貼。吸氣時，用意念將氣由尾閭沿脊椎向上直達腦後玉枕，這時用眼往上一瞟，令氣經頭頂置於兩眉之間，稍停片刻，隨著呼氣用意念引氣經口連同口内津液從咽喉達丹田（臍下方），此爲一周。要求周而復始地連續反覆練習。此外，從肛門提氣沿脊椎上行的時候，手腳指趾均須稍用力往上勾，即腳趾向小腿方向彎曲，手指成半握拳形，俗謂腳扒手鉤，即屬此意，待氣提運到丹田以後，手腳即可恢復原來伸直狀態。

收功：每次練畢，緩緩坐起，兩手掌相搓，待掌心發熱後，以兩手掌心搓面部數次；然後，兩手交叉搓兩足心，以足心發熱爲度。

練功時間：每日早晨及上午練習，每次半小時至一小時，以不疲勞爲度，每日練二～三次，具體次數應根據病情決定。

注意事項：練功地點須保持安靜。練功治療期間，不宜吃具有興奮或刺激性的食物（包括藥物），如茶、酒等均宜忌之，並應禁止性生活。

(2)**冷水浴**：全身冷水浴，或晚上睡前用冷水沖洗陰囊二～三分鐘，有强壯性神經的作用。

(3)**自我按摩**：重點是擦丹田和擦腎俞。按摩這兩個穴位對治療遺精有效，對調整性神經功能，也有一定效果。

(4)**提肛鍛鍊**：每晚臨睡前坐在床上收縮肛門（如忍大便狀），反覆進行二十五～三十次；收縮時深吸氣，放鬆時呼氣。由於提肛肌和射精管的平滑肌由骶神經支配，所以鍛鍊提肛肌對强健射精管平滑肌的功能也有作用。

4. 性冷感的健身運動療法

(1)**自我按摩法**：大腿內側有不少穴道和經絡，像「足太陰脾經」、「足少陰腎經」和「足厥陰肝經」等，都是貫通身軀上下的主要經穴，大腿內側也是性感區之一，與性有關的許多穴位均集中於此。

方法：首先仰躺，放鬆全身的肌肉，雙腿分開，雙手放在大腿內側，輕輕擦揉，自腿內側根部至膝蓋為止，這種方法能刺激全身，有促進內分泌的功效，因此對性冷感或精力減退的患者，有一定幫助。每星期練習一次即可。

(2)**扭轉身體法**：夫妻二人相對而立，手互握，全身放鬆，然後，向左右兩側來回擺動雙手，隨之逐漸加大擺動的幅度，隨後將雙手擺至頭頂上方，兩人各自將身體轉一周，再恢復成相對姿勢。體轉時兩人的動作必須一致。如此反覆進行二十五～三十次。

功效：運動時會產生輕鬆愉快的舒適感，進而產生情感的交流，這樣即能促進性荷爾蒙的分泌，提高性行爲的滿足程度，達到治療性冷感的效果。

5.子宮脱垂、陰道壁脱垂的健身運動療法

(1)姿勢導引——仰卧或俯卧位皆可，將臀部墊高，使子宮盡可能較快地復位，復位後，再用力使骨盆底肌肉緊縮，如同要忍住大便或小便的動作那樣，繼而放鬆；如此一鬆一緊地練習，每二～六次，每次一〇〇～三〇〇次。此法最容易掌握，且對嚴重的子宮三度脱垂初期階段特別適用。待痊癒或接近痊癒後，此時則不必每次練習都一定要墊高臀部，可採取自然體位，無論坐、卧、立均可，以鞏固療效，進一步增强骨盆底肌力。

(2)患者平仰卧，全身各部位儘量放鬆，無一處緊張用力的地方，屈膝使兩腳跟靠近臀，兩手沿軀幹放置，用腳與肩胛骨撐住身體，將臀部從床上提起，同時吸氣；繼而放下臀部，同時呼氣；吸氣時，肛門要收緊，呼氣時，肛門及全身要放鬆，如此一緊一鬆地練習二十五～三十次。

(3)子宮基本復位後，可採取仰卧、俯卧、側卧或站位，兩腿伸直交叉併緊，同時盡可能用力上提肛門及陰門；繼之兩腿肌肉及會陰肌肉同時高度放鬆；如此一緊一鬆地練習一

〇〇～三〇〇次，熟練後也可配合呼吸，吸氣時提肛，呼氣時放鬆。

(4)仰臥，兩手抱大腿，不用肘部支撐而起，身向前俯，同時極力提縮肛門及陰門；再緩緩躺下，全身放鬆；如此練習二十五～三十次。

(5)仰臥，兩臂側平伸，掌心向上；左手不動，右手與左手擊掌，同時轉肩，但骨盆盡可能不動；向反側做同樣動作；如此左右擊掌二十五～三十次。

(6)患者俯臥，胸部貼床，頭向一側，兩腿跪起，兩膝稍分開，撐在床上，注意兩大腿須和床成垂直線，每日早晨和午睡醒後各練一次，開始每次五分鐘，以後可逐漸加至二十分鐘。這個練習對子宮後傾的患者極有好處，因爲大部份子宮及陰道壁脫垂的婦女，其子宮是後傾的。

此外，多做此式也有助於鞏固子宮脫垂痊癒後的療效。

6. 經痛的健身運動療法

治療經痛醫療體操，主要是腹部運動以及活躍腹腔、盆腔血液循環的練習。下面介紹的四節體操簡單易行，經實踐證明有效，可在行經前和行經期間每天練習二～三次，具體方法如下：

(1)屈腿仰臥位，腹式深呼吸十五次左右。

(2)仰臥位，提腿屈膝收腹，儘量使膝接觸下頷，做十五次左右。

(3)立位，兩手扶椅背。輪流提起和放下兩足跟，做二十次左右。

(4)準備姿勢同上，兩腿做深蹲運動，十五次左右。

7.「不孕症」的健身與運動療法

選安靜的地方，站好，全身放鬆，把一隻手插在腰部，另一隻手按在肚臍以下子宮的位置附近，慢慢摩擦下腹三十六次，然後再換轉雙手，再做一次。

下腹部臍下三寸處有個屬於任脈的「關元穴」，主治月經不調及不妊等症，按摩可有療效。另外，此穴上下的「石門」、「氣海」及「神闕」穴，都與婦科病有關，「神闕穴」主治婦女不受胎，欲想成孕按摩這部位當然有效。此外，下腹部還有「足少陰腎經」的「大赫」、「氣穴」、「四滿」及「中注」穴，「足少陽膽經」的「帶脈」、「五樞」和「維道」穴，「足厥陰肝經」的「陰廉」穴等皆與月經不調有關，因此不能疏忽你的下腹，不孕症的人尤其要多做這種健身按摩。

8.慢性前列腺炎和精囊炎的健身運動療法

(1)**震臀法**

①仰臥，兩腿自然伸直。將臀部抬起後放下，如此反覆震動骨盆若干次，使其淤血較快消除。

②仰臥，兩腿屈膝，使兩腳移向臀部，此時以肩、腳著床，將臀部高高抬起，同時深吸氣、提肛。

③臀部放下，以加大震動力，同時全身放鬆，深呼氣，如此反覆震動十～二十次。

(2)**金魚擺勢**

仰臥，兩腿自然伸直，腰身像魚游水樣左右擺動一〇〇～二〇〇次，亦可採取俯臥式腰身擺動，對有便秘及腹脹者效果更佳。

(3)**扇形功**

仰臥，兩腿伸直並抬起離床約四十～四十五度角，兩腿交叉和外展五十～一〇〇次，每個腿的動作面恰像一把扇面。

(4)**騎車功**

仰臥，兩腿抬起，同騎自行車樣運動，蹬踏五十～一〇〇次。

(5)**固腎腰勢**

兩腳相距較肩略寬，兩手撫按於臍兩旁，向後撫按至後腰眼，自腰腿至尾閭，沿兩大腿後側推按至後腳跟，這時上體前俯，兩手沿腳外側經腳趾至兩腳內側，然後，腰漸漸伸直，兩手沿大腿內側撫按恢復至臍兩旁，如此反覆按摩二十五～三十次。

(6)**擊腰功**

自然站立，兩腳間距同肩寬，兩腳不動，兩手鬆握拳，以腰脊爲軸左右旋轉，兩臂則如兒童玩具搖鼓那樣，腰向左轉時右拳或右前臂擊小腹，左掌或左小臂擊尾閭，重複練習五十～一〇〇次。

9. 精索靜脈曲張的健身運動療法

(1)**水浴**：一般每天早晚各一次全身冷水浴，或每天以冷水洗陰囊。

(2)**健身操**：

①屈腿運動。仰卧位，兩腿同時屈膝提起，使大腿貼腹，然後還原，重複二十五～三十次，共做三組。

②「踏自行車」。仰卧位，輪流屈伸兩腿，模仿踏自行車的動作，屈伸範圍儘量大，每一次練習二十～三十秒鐘，連續做十五次，共做三組。

③仰卧位，吸氣時稍抬起臀部，用力收縮骨盆底肌肉（如忍大小便），呼氣後再放鬆，練習五十～一〇〇次，共做四組。

④屈腿仰卧位，吸氣時，骶部稍提起，離開床面，臀肌及盆底肌收縮，呼氣時，骶部

放下，全身放鬆。重複練習五十～一〇〇次，共做三組。

⑤仰臥法，兩腿交叉伸直舉起靠在牆上。吸氣時，盆底肌收縮，骶部離開床面，頭及臀部也稍抬起，呼氣時，放鬆。重複練習五十～一〇〇次，共做三組。

⑥屈腿仰臥位，兩膝用力靠攏，互相緊壓，同時骨盆抬起，然後兩膝分開，骨盆放下。重複練習二十五～三十次，共做三組。

⑦坐在矮凳上（兩腿伸直，兩足交叉）。兩膝用力靠攏，互相緊壓，同時收縮盆底肌。重複練習二十五～三十次，共做三組。

⑧臀部坐在足跟上。吸氣時，臀肌及盆底肌收縮，同時轉爲跪立位，呼氣時，還原。重複練習二十五～三十次，共做三組。

⑨坐在高凳上。吸氣時，盆底肌收縮，兩腳提起離地面，呼氣時，盆底肌放鬆，兩腳放下。重複練習二十五～三十次，共做三組。

10. 慢性盆腔炎的健身運動療法

(1) 關元內運法

仰臥，全身放鬆，思想集中，以拇指輕按於臍下十公分處的關元穴，輕輕揉動，左右各轉三〇〇次，先逆時針轉再順時針轉。

⑵**點沖門法**

仰臥，兩腿自然伸直，兩手拇指或中指分別按壓腹股溝中部沖門穴附近，與恥骨要平行，手指可感到股動脈跳動，默數動脈跳動三十次後，放開緊按的手指，靜臥休息一～二分鐘，然後再按，可重複三次。

⑶**俯臥屈伸法**

俯臥，兩膝屈於胸部臀部抬高，大腿與床垂直，胸部與床緊貼，兩臂在頭兩旁伸直，停留片刻還原成俯臥，如此反覆十五～二十次。

⑷**屈伸開合法**

仰臥，兩腿伸直、屈膝，兩腿外展，內收後再伸直，如此反覆十五～二十次。

⑸**橫剪豎蹬法**

仰臥，兩腿伸直，同時抬起四十五度角，兩腿做內收、外展交叉動作十五～二十次，然後兩腿再仿效蹬自行車狀運動十五～二十次。

⑹**按摩恥骨法**

仰臥床上，先將兩手搓熱，熱後平放在小腹部及恥骨聯合處，先上下按摩，再左右按摩，最後轉圈按摩，直到局部發熱爲止，每日早晚各1次。

⑺**輕震骨盆法**

俯卧床上，兩手扶床，兩腿伸直，以前腳掌爲支撐點，先將臀部輕輕抬起，然後輕輕落下，如此反覆震動骨盆三十次。

(8)搥打腰骶法

兩腳開立，兩手握拳輕輕搥打腰骶部，每日二次，每次五十～一〇〇下。

(9)交叉腿下蹲法

兩腿交叉立在地上，臀部儘量向下蹲，然後輕輕站起再下蹲，如此反覆二十～三十次。

(10)扭轉臀部法

站位，兩腿開立約六十六公分寬，腳站穩不動，身子先向左轉，再向右轉，左右各轉動十五～二十次。

(11)提肛法

仰卧床上，屈腿、收縮肛門及陰道，每次三十～五十下，每日二次。

(二)、常見性功能障礙的飲食療法

當性生活遇到麻煩時，除找出自身的原因外，更應了解一些丈夫或妻子的身體狀況，針對具體病症進行檢查和必要的治療，千萬不要因此而造成猜疑、煩惱，以致引起夫妻感情不和。這裡爲你提供一些改善性功能障礙的飲食療法，供參考。

1. 陽痿的飲食療法

陽痿是性神經衰竭的一種表現，男子有性慾要求，但陰莖不能勃起或舉而不堅，或一觸即洩，不能完成性交過程，即稱陽痿。引起陽痿的原因很多，如精神過度緊張、悲傷過度、過份憂愁、神經衰弱、身體過於疲勞，手淫過度以及婚後房事過度等，都能引起陽痿，病人除性交不能進行外，還伴有頭暈腦脹、失眠、多夢、食慾不振或腰膝酸軟等症狀。中醫認爲：腎主藏精，主命門之火，腎陽不足則陽事不舉。又陰莖爲肝經所經之處，肝主筋，陰莖宗筋所聚，肝傷亦可致陽痿。故此症多與腎與肝有密切關係，治療上則需辨證施治。下面就辨症論食，做一些簡單的介紹。

(1)**陰虛火旺者**：以性慾衝動時觸而即洩爲特點，伴有多思、少寢、目澀、咽乾、小便赤黃等症狀，治療宜清心瀉火、滋腎養陰。可用：

①雞蛋兩個、枸杞子十五克、何首烏六十克，加水同煮，蛋熟去殼後再煮片刻，去藥渣吃蛋飲湯。每天一劑，連服十～十五天。

②蟲草十～十五克，苦瓜子九克、羊腎一只、羊肉一〇〇克、蔥白、食鹽適量、大米五十克，將羊腎剖洗乾淨，去筋膜、切絲、羊肉切碎，將蟲草、苦瓜子煎湯去渣，再同大

米、羊腎、羊肉煮粥，熟後加葱、鹽、味精調味服食，可做早晚餐常食。

③枸杞子三十克、生地二十克、鮮胎盤半個。將胎盤洗淨切塊放蒸鍋內與枸杞子、生地隔水炖熟服食，隔天一次，連服七～八次。

(2)**中氣不足者**：以陰莖舉而不堅爲特點，並伴有乏力氣短，納少神疲，治療宜補氣益中。可用：

①大米五十～一〇〇克、菟絲子三十～六十克（鮮品六十～一〇〇克）、白糖適量，將菟絲子洗淨搗碎加水煎汁，去渣後入大米煮粥，粥將熟時加入白糖稍煮即可，可早晚二次服食，七～十天爲一療程，每隔三～五天再服一療程。

②核桃五十克、黃芪十五克、炙甘草六克、黨參十五克、豬腎一對。將豬腎剖洗乾淨，去筋膜、切片，同黃芪、炙甘草、核桃仁、黨參放鐵鍋內煮湯，熟後去藥渣調味服食，隔天一次連服三～五劑爲一療程。

③白人參五十克、六十度白酒五〇〇毫升，將人參搗碎裝入細口瓶，加白酒後封緊瓶口每天搖一次，半個月後開始飲用，隨飲隨加白酒至約五〇〇毫升，每天晚餐飲十～三十毫升連服十五～二十天。

(3)**下元虛寒者**：以陰莖痿而不起爲特點，並伴有腰疼腿軟、神疲乏力、精薄清冷、四肢不溫，治療宜溫腎助陽，可用：

①大米六十克煮粥，粥熟後入韮菜少許稍煮片刻，服食。

②胡桃取肉，栗子炒熟後去殼搗碎加糖食，亦可單食胡桃。

③麻雀肉煮熟食之，每日吃三～五隻。

④韮菜一五〇克、羊腎一二〇克，各種調料適量放鐵鍋內同炒熟調味佐食，每天一次，七～十天爲一療程。

⑤韮菜一五〇克、鮮蝦仁一五〇克、雞蛋一個、白酒五十克，韮菜炒蝦仁，雞蛋做佐料，喝白酒，每天一次，十天爲一療程。

⑥大米五十克、羊肉一〇〇克、肉蓯蓉十～十五克、食鹽、葱白、生薑各適量。先將肉蓯蓉放砂鍋內煎汁，去藥渣、入羊肉、大米煮粥。熟後加鹽、葱、薑調味服食，每天一劑，五～七天爲一療程。

(4)**抑鬱傷肝者**：以精神不悅、胸悶不舒、陽痿不起爲特點，治療宜舒肝解鬱。可用：

①大麥磨細，煮粥食用。

②將橙切開，用涼水浸泡十五分鐘左右，略去酸味，加蜂蜜煎湯頻飲。

③橘餅泡湯代茶，頻飲。

④大米五十克、薤白十克，同煮粥服食。

⑤佛手一〇〇克、生薑六克，水煎去渣，加白糖溫服。

⑥鮮香櫞兩個，切碎放入帶蓋碗中，加入適量麥芽糖，隔水蒸數小時，以香櫞稀爛爲度，每次服一匙，早晚各一次。

2. 早洩的飲食療法

早洩，是男子常見的一種性功能障礙疾病，表現在性生活過程中，過早地射精，輕者陰莖進入不久就射精，重者剛剛接觸女方身體即出現射精。早洩不僅影響性生活，而且影響生育。早洩的原因，絕大多數是由於精神緊張、興奮過度或因手淫，致損傷精氣，命門火衰；或思慮憂鬱，損傷心脾；或恐懼過度，損傷腎氣所致。早洩的預防和治療，除避免以上能夠引起早洩的原因外，採用溫腎壯陽的藥膳，以食物治療早洩也有特殊功效。現介紹如下：

(1)狗肉二五〇克、黑豆五十克，調以鹽、薑、五香粉及少量糖，共煮熟食用。

(2)狗肉五〇〇克、加適量八角、小茴香、桂皮、陳皮、草果、生薑和鹽及其它調味品同煮，熟後食用。

(3)羊腎一對、羊肉一〇〇克、枸杞子十克，與大米煮粥食用。

(4)羊肉、海參適量煮湯食。

(5)鹿肉五〇〇克，洗淨切塊，用油炸成紅色撈出；將蔥、薑炸出香味，再加醬油、花椒、精鹽、料酒、白糖、味精適量，倒入雞湯，將鹿肉放入湯內，燒開後用小火煨爛，勾芡裝盤即可食用。

(6)豬腎一對，核桃三十克，燒爛服食。

(7)狗腎焙熟後，碾成細末，每晚三克，黃酒送服。

(8)狗腎一具，淡菜五十克炖湯食。

(9)核桃仁二〇〇克，用油炸酥，加糖適量研磨，成爲乳劑或膏劑，一兩天內分次吃完。

(10)核桃仁一〇〇克，同大米煮粥，加糖適量食用。

(11)生南瓜子十～十五克，每天二次，早晚各服一次，連續服用二～四週，必要時還可續服二～四週。

(12)麻雀蛋煮熟，去殼食，每次一個，一日三次。

(13)用麻雀蛋兩個，蝦十克，菟絲子，枸杞子各九克，放入碗中，加水蒸熟食用。

(14)將泥鰍放清水中，待排盡腸內污物後洗淨，將油燒熱，放入幾片生薑，將泥鰍煎至金黃，加水約三碗，放蝦肉五十克，共煮湯食。

(15)豬腎一對，剖開去臊腺，將胡桃肉十克、山萸肉九克（或杜仲十克，補骨脂八克），納入腎中，紮好煮熟食用。

⒃豬肚一個洗淨，將肉蓯蓉十克納入豬肚內，紮好後水煮熟，食肉飲湯。

⒄羊肉一五〇克、淮山藥一二〇克、肉蓯蓉一〇〇克、菟絲子一五〇克、核桃仁一五〇克、蔥白十根、糯米適量，做成湯食。

⒅田鼠一隻，剖腹去腸，放鍋內隔水蒸，水開煮沸約二~三分鐘後取出，去毛、頭、腳、尾洗淨用油鹽回鍋炒，加入薑、酒、醬油等配料燒熟食。

⒆白鴿一隻，去毛及內臟，枸杞子二十四克，黃精五十克，共燉或蒸熟食。

⒇鴿蛋兩個，煮熟去殼，加龍眼肉，枸杞子各十五克、五味子十克，放於碗內，加水蒸熟，加糖食。

(21)羊腎一對，肉蓯蓉十二克、枸杞子十克、巴戟天八克，熟地十克同燒，吃肉飲湯，每日一次。

(22)羊腎一個與糯米適量同煮，加調味品食用。

3. 遺精的飲食療法

遺精，是指不因交接而排精。未婚男子，或婚後男子因壯年氣盛，又久未行房事，精滿而洩，屬於正常現象，若遺精頻繁，每週在一次以上，或每月超過四、五次，則為病症。

中國醫學認爲，腎爲先天之本，主藏精。腎主封藏，只宜固秘，不宜耗瀉。五態過極，驚恐傷腎；體力過勞，精力不足；恣情縱慾，房室過度都可導致腎精虧損，腎氣不足，封藏失職，而出現遺精、早洩。對於上述症狀者，除進行身心調節，解除精神緊張狀態，消除恐懼、內疚心理外，可按照「醫食同源」和「藥補不如食補」的治療原則，採用具有補腎、固精、壯陽、安神作用的食物療法，會收到事半功倍的效果，下面介紹幾種飲食療法：

(1)韮菜，溫補腎陽，固精止遺。①韮菜六十克，水煎服。②糯米煮粥，加鹽、油，待粥將熟時，將洗淨切段的韮菜放入粥中，煮片刻至湯稠。每日二次，溫熱服食。③核桃仁炒韮菜食用。④韮菜子炒熟研末，每日二次，每次二～三克。

(2)白蓮鬚燉魚鰾（魚肚），有填精補髓，固腎澀精，交通心腎，達到止洩遺精的功效。

製法：將魚鰾十五克，用海粗砂爆炒或植物油炸，然後用清水浸發，以去火氣。用碗盛魚鰾，白蓮鬚用紗布袋包裹，加適量湯或開水，隔水燉至爛熟，飲湯吃肉。

(3)冬蟲夏草有補腎益精氣之功，凡腎虛、陽痿、遺精、早洩，無論單用或配伍，均有效。冬蟲夏草加適量冰糖隔水燉，與桂圓、核桃仁、紅棗或黑芝麻蒸熟服用，爲「秘精益氣、專補命門」之佳品。蟲草燉雞、燉鴨、蟲草燉紅棗、燉甲魚、清蒸蟲草雞，均屬滋補妙品。把藥補浸透到食物中，不但營養豐富，而且可充分發揮藥物治療作用，易於被患者接受，達到潛移默化的食療目的。

⑷山藥煮熟去皮，蘸白糖服用，每次六十次，一日三次。

⑸大米一〇〇克，芡實（又叫雞頭子）六十克去殼研成粗粉，共煮粥，每日早晚空腹時溫服適量。

⑹鯉魚一條，豬脊髓二〇〇克，生薑、蔥、胡椒粉各適量，燒湯佐餐食用。

⑺豬腰子一個，杜仲十五克水煎，用杜仲湯煮豬腰子，吃肉喝湯。

⑻核桃仁九克，與中藥補骨脂六克，共搗成泥，用淡鹽水送服，每日一次。

⑼白果仁六十克，炒後加糖入水煎，吃白果，喝湯，每日一次。

⑽蓮子去心後熟食或與糯米煮成蓮子糯米粥食用。

⑾新鮮草莓食用，或草莓乾二十～三十克，水煎加糖食用。

4.「陰冷」的飲食療法

女性對性生活缺乏快感以至淡漠、厭惡，稱爲「性陰冷」。這種情況的出現，原因是多方面的，卵巢機能不足，腎上腺皮質和腦垂體等內分泌功能的失調，均是本病的原因。大多數女性則是由於情緒抑鬱、恐懼、性生活不協調等心理因素造成的。

女性達到性快感高潮時間較慢，由於男方不能適應女方快感高潮或其它一些造成性生活不和諧的因素，而使女方對性生活不滿足，以致造成「陰冷」。嚴重者還可以引起性交時下腹緊張感、骨盆肌肉痙攣、陰道痙攣等現象的發生，這些既是陰冷的結果，也是加重陰冷的原因。

中國醫學認爲，「陰冷」是下元虛冷，寒氣凝結所致。「陰冷」的治療首先要解除對性生活的緊張和厭惡情緒，需要夫妻雙方了解正常性生活知識和有關生殖器官的生理解剖知識，且主要是互相體諒、密切配合，在有經驗的醫師指導下，以心理治療和性生活指導爲主，適當配以飲食療法，是可以治癒的。

下面介紹幾種提高女性性功能的飲食療法。

(1)麻雀二隻，去毛及內臟，放入菟絲子、枸杞子各十五克，共煮熟去藥食肉飲湯；或麻雀三～五隻，去毛及內臟、切碎、炒熟，與大米煮粥，加鹽和蔥調味，空腹服食。

(2)羊腎一對，去筋膜、加肉蓯蓉（酒浸切片）、枸杞子十五克，共煮湯，加入蔥白、鹽、生薑等調味飲用；或肥羊肉，去脂膜，蒸熟或煮熟，切片，加薑、蒜、醬油、鹽等調料拌食之。

(3)蝦肉五十克，用水泡軟，鍋中放油加熱後，與切好的韮菜二五〇克同炒熟，加鹽調味食用；或蝦十五克，豆腐三塊，加蔥、薑、鹽燉熟食用。

(4)海狗腎用酒浸後搗爛，與糯米、酒麴釀酒，每次二湯匙，每日二次；或海狗腎一具、人參十五克、淮山藥五十克，先將海狗腎浸酒後切片，共用一千克酒或白酒浸。一個月後可飲服，每次二湯匙，每日二次。

(5)肉蓯蓉嫩者，刮去鱗、用酒洗、去墨汁、切薄片，同山芋、羊肉作羹食用；肉蓯蓉（煮熟後切片）加大米、羊肉煮粥，下調味食用。

(6)狗肉二五〇克，黑豆五十克，調以鹽、薑、五香粉及少量糖，共煮熟食用；或狗肉加適量八角、小茴香、桂皮、陳皮、生薑和鹽調料，同煮熟食用。

(7)枸杞子三十克，牛鞭一具，加水燉熟，吃肉飲湯；或枸杞子三十克，鴿子一隻，去毛及內臟後放燉鍋內加適量水，隔水燉熟，吃肉飲湯。

(8)冬蟲夏草十～十五克、鮮胎盤一個，隔水燉熟吃；冬蟲夏草四～五枚，雞肉五〇〇克共燉，不能吃雞者可用瘦肉共燉，煮熟後食用。

(9)公雞一隻去內臟，加油和少量鹽放鍋中炒熟，盛大碗內加糯米酒五〇〇克，隔水蒸熟食用。

5.「不孕」的飲食療法

中國醫學對男女不育早有研究：「求子者，男當益其精而節其慾，使陽道常健，女當養其血而平其氣，使月事以時下，交相培養，此有子之道也」。許多食物都具有促進生育的功能，利用食物治療，尤其對女子後天體弱，子宮寒冷、月經不調、內分泌紊亂等不孕者，男子性功能障礙所致的陽痿、早洩、精液稀薄等不育者有較好的療效。關鍵是日常生活中，飲食要合理，各種營養素的攝取應全面，不宜偏食，以利於氣血調和、精力旺盛，爲受孕打好基礎。

下面介紹幾種飲食療法：

(1)山藥湯圓：生山藥一五〇克洗淨、蒸熟、去皮放碗中、加白糖、胡椒末調成餡泥。糯米水磨粉二五〇克做皮，再與山藥餡包成湯圓，煮熟食之。有補腎滋陰功效，常食治男子腎虛、腎寒、精虧等症。

(2)鹿角膠粥：糯米一〇〇克煮粥，粥熟後加鹿角膠十五克，薑末、精鹽少許食之，有補腎陽、益精血作用，三～五天爲一療程。治腎陽不足，男子陽痿、早洩、遺精，女子宮冷不孕，冬季服用，夏季不宜進補。

(3)鹿尾燉田雞：鹿尾六克、田雞油三克。將鹿尾切片，田雞油開水浸兩小時，用淨水漂浸一夜，去雜質後洗淨。把鹿尾、田雞油用碗盛好，蓋嚴隔水燉熟食，常食可以助陽，興奮子宮，適用於性慾低下、陽痿、早洩、子宮虛冷等不孕者。

(4)紫石英粥：紫石英十五克打碎，用清水淘淨，加水濃煎，去渣取汁，加糯米一〇〇克。紅糖適量煮粥，早晚空腹溫熱服，有暖子宮作用，治婦女宮冷不孕。

(5)益母當歸煲雞蛋：益母草三十克，當歸十五克，雞蛋兩個。將益母草、當歸用清水兩碗，煎服一碗，用紗布濾淨渣，雞蛋煮熟，冷卻去殼，插小孔數個，用藥汁煮片刻，飲藥汁，吃雞蛋，每週吃二～三次，一個月爲一療程。常食可調經養血使子宮恢復正常功能，增強卵子的排出，提高受孕機會。

(6)食鹽拌粥油：以大米五十克加水煮稠粥，至粥將好時，撇出粥油（指煮粥至滾鍋時，粥面上出現的米沫）一碗；另用淨食鹽少許炒過，取適量兑入粥油中，每日一次，空腹服下，常食治男子精清不育。

(7)薑片雞蛋牛奶糊，鹹食甜食均可。

(8)清燉墨魚卵。

(9)黑豆煮紅棗甜食。

(10)落花生鹽水炒隨意食。

(三)、常見治療性功能減退的食療驗方

我們知道，單味食性或藥食兩用的食物，雖然對治療性功能減退有一定療效，但不如組成複方效力大。因此，下面著重介紹十種比較容易做的古今食療驗方供選用：

1. 韮菜炒鮮蝦

功效：解鬱補腎，興陽起痿。

主治：青年人思念不遂，肝氣抑鬱所致的陽痿，以及腎陽虛之陰莖不能勃起，或勃起不堅，或早洩，或老人夜尿多等症。

配方：韮菜一五〇克，鮮蝦二四〇克，菜油、味精、食鹽適量。

製法：將鮮韮菜切成三公分長的節段，鮮蝦去殼（小蝦可不去殼，淘淨即可），將鍋燒熱，放入菜油，待油泡化盡，即下韮菜、鮮蝦，反覆翻炒，撒下味精、食鹽，炒勻起鍋。

2. 羅漢大蝦

功效：補腎興陽，強筋壯骨。

主治：腎虛陽痿，早洩，性慾減退，以及老年骨質疏鬆症，小孩缺鈣和生長發育不良等症。

配方：對蝦十二個、魚肉泥六十克、蛋清一個、豆嫩苗十二棵、火腿末三克、油菜葉一五〇克，玉米粉十五克，味精、料酒、薑絲、白糖、食鹽等適量。

製法：將對蝦去頭、皮、腸子，留下尾巴，剁斷蝦筋，擠乾水份，撒些味精，先兩面沾玉米粉，再放在蛋清中沾一下，最後把蝦前面沾上麵包渣，碼在盤子裡，再將魚泥用蛋清、玉米粉、味精、鹽、熟豬油拌成糊，抹在對蝦上，在糊面中間放一根火腿絲，用筷子按一下，最後，將對蝦用油炸熟即成。

此菜，色香味形俱全，可上宴席，若平時服食，則不必講究形色。另外，陰虛火旺，陽強易舉（性慾亢進）者忌食。

3. 紅糖薑粉

功效：暖宮助孕。

主治：宮冷不育。

配方：鮮生薑五〇〇克，紅糖五〇〇克。

製法：將生薑搗如泥狀，混入紅糖，搗勻，蒸一小時，曬三日，共九蒸九曬。最好在三伏天，就是每伏各蒸曬三次，在月經期開始服用，每次一匙，一日三次，連服一月。服藥期間禁止同房過性生活。

4. 蟲草金龜

功效：滋陰補腎，堅陽助性。

主治：腎陰虛或陰虛火旺體質之性功能低下（一般陽痿、早洩、性慾減退都屬陽虛或腎陽虛的居多，但長期服食腎陽溫補的藥物或食物無效者，改服滋陰補腎之品尚可奏效），男女不孕症等。

配方：冬蟲夏草五克、金錢龜肉一〇〇〇克、火腿肉二十五克、豬瘦肉一〇〇克、雞湯二五〇克、味精、食鹽、料酒、胡椒粉、薑、蔥適量。

製法：將金錢龜放入盆內，倒入鮮開水燙二～三分鐘，將它取出，從頸後下刀，揭去硬殼，剁去頭和爪尖，刮淨黃皮，用清水洗淨，將龜肉剁成數大塊，備用。再將龜肉用開水汆後撈出用溫水洗淨，豬瘦肉亦用開水汆透撈出洗淨，備用。將鍋燒熱，放入豬油熔化，再放進薑片、蔥，煸香後，倒下龜肉，共炒片刻，烹入料酒，倒入開水，燒沸後，煮三～五分鐘，撈出龜肉。再將龜肉放入瓷盆或大碗內，把蟲草、火腿、豬瘦肉放在龜肉四周，注入雞湯、調料、蓋好盆蓋，放上蒸籠蒸至龜肉熟爛時，取出，加味精、食鹽、胡椒粉適量即成。分多次吃完，切勿一頓而光，連吃十來個龜，可望見功效。

5. **紅燒鹿肉**

功效：補腎益精，興陽助性。

主治：性慾減退，陽痿早洩，精液稀薄量少，不育。

配方：鹿肉五〇〇克、玉蘭片二十五克、香菜十克、紹興酒十五克、雞湯適量、白糖十五克、醬油、味精、食鹽、花椒水、生薑、蔥白、水豆粉、菜油等各適量。

製法：將鹿肉洗淨切塊，玉蘭片水發後，切成象眼片，調料備齊待用，將鐵鍋燒熱，放入菜油，用蔥、薑炸鍋，下醬油、花椒水、精鹽、料酒、白糖、味精、雞湯，再下鹿肉，放文火上煨燉，至肉粑熟時，移到武火上燒開，勾芡粉，淋上芝麻油，撒上香菜段即成，佐餐服食。

6. **養元雞子**

功效：補腎壯陽，益精增力。

主治：腎精虧損的早衰、性慾減退、陽痿等症。

配方：雞蛋二枚，小茴香五克，山藥十克，附子十克，食鹽二克。

製法：先將小茴香、山藥、附子、食鹽放入砂鍋中加水適量，煎煮二小時以上。將雞蛋打在碗內，用上藥煎熬後的藥液，趁其鮮開（正在沸騰時）沖調蛋花，亦可放入適量蜂蜜調勻，每晨起服食一碗代早餐，堅持服食一月，可望見功效。

7. 益陽麻雀

功效：壯腎興陽。

主治：腎虛或氣鬱之陽痿、早洩、性慾減退等症。

配方：麻雀十五隻、小茴香十克、大茴香十克、生薑九克、大蒜十克、菜油適量。

製法：將麻雀去毛和內臟，在油鍋中炸酥，將炸過的麻雀，同藥料一起放入鍋內，加水適量，煮沸後，文火煨一小時左右撈出麻雀食之，每日三～五隻，半月後可見功效。

註：大小茴香，在本方中一是助麻雀興陽溫腎，增强性功能，二是作爲調料，增加麻雀肉的香味。因此，大、小茴香是作食品的調料，不能單純看作是藥物，單用無興陽治陽痿之功能。

8. 雙鞭壯陽湯

功效：舉陽起痿，益精補髓。

主治：腎虛精虧，陽痿不舉，滑精早洩，性慾減退。對六十歲以後的老人陽痿尤宜。

配方：牛鞭一〇〇克、狗鞭一〇〇克、羊肉一〇〇克、母雞肉五十克、枸杞子三十克、菟絲子三十克、肉蓯蓉三十克、老薑、花椒、料酒、味精、豬油、食鹽等調料適量。

製法：將牛鞭（牛陰莖）泡水中發脹，去淨表皮，順尿道對剖成兩半，用清水洗淨，再用冷水漂三十分鐘，備用。將狗鞭用油砂炒酥，再用溫水浸泡發脹，刷洗乾淨，將羊肉洗淨，放入沸水中氽去血水，撈起入冷水中漂洗，待用。

將牛鞭、狗鞭和羊肉放進砂鍋內，加水燒開，打去浮沫，放入花椒、老生薑、料酒和母雞肉，燒沸後，改用文火煨燉，至六成熟軟時，用乾淨消毒紗布濾去湯中的花椒和老薑，再置火上，此時將枸杞子、菟絲子、肉蓯蓉以紗布袋裝好，放入湯內，繼續煨燉至牛、狗鞭粑爛爲止。將二鞭撈出，切成細條盛入碗中，加味精、食鹽、豬油等各自喜愛的調料，沖入所熟的湯即成。分多次空腹食用，一次不可過量。

註：狗鞭連狗睪丸一起用最好。

9. 蟲草黃雀

功效：補腦興陽，填精益髓。

主治：以腎虛爲主的各種年齡、各種類型的性功能減退，以及精液少、精蟲少，性活力差的不育症等。

配方：冬蟲夏草六克，黃麻雀十二隻，生薑二克。

製法：將麻雀去毛和內臟，洗淨、切塊，再將蟲草、黃雀肉塊、薑片一齊放入砂鍋內，加水適量，先武火燒開文火煨燉，燉至雀肉粑爛爲度，吃肉、喝湯，連蟲草一齊分次吃完。若無麻雀可用鵪鶉代之，麻雀卵療效更佳。

10. 甲魚首尾散

功效：甲魚頭澀精，甲魚尾興陽。

主治：夢遺過度，面色憔悴，或房事過度，體力衰憊，精神困疲，面黃肌瘦。

配用：甲魚（鱉、團魚）一個，取新殺甲魚的頭、頸、尾三部（不用身、腿肉）用芝麻油（香油）炸焦，分別研為細末，備用。將甲魚頭末混入食物中，令患者一次吃完。若患者畏吃鱉頭粉，可先不讓患者知道。服食甲魚頭粉後，患者陰莖萎縮不再勃起，無性慾要求及夢遺失精現象。俟百日後（決不可提早）患者身體壯實復原後，再服甲魚尾粉，仍混入食物中，空腹一次吃完。則陰莖恢復原狀，性慾亦趨正常。

(四)、常見性病的自我診治法

性愛是人類生活的重要組成部份。然而，性病的幽靈卻給人類至美的情愛蒙上了一層可怕的陰影，並吞噬著人類健全的身心，特別是當愛滋病這一死神出現以後，整個人類都表現出從未有過的驚恐和迷惑，我們該怎麼辦？

性病在神州大地悄悄地流行，而更可怕的是人們對這一黃色瘟疫的無知。據專家估計，我國性病患者數以十萬計，患者數目每分鐘都在增加。性病的流行，是通過性行爲而傳播，給社會和家庭帶來悲劇性的影響。目前我國已發現一〇〇〇多例愛滋病。一旦這一死亡殺手在人口稠密的大陸傳播，將是一場毀滅性的災難。然而，人類也不要被這一黃色瘟疫所嚇倒。就目前來看，除了愛滋病外，其它性病都是可以治癒的。因此，面對黃色瘟疫的侵擾，不要恐懼，不要絕望。要認識它的真相，要防患於未然。

1. 梅毒

梅毒是梅毒鉤端螺旋體引起的一種性病，俗稱「楊梅瘡」，一般在感染後三週左右發病，首先在外生殖器部位發生硬下疳（一期梅毒）。約九十%硬下疳發生在包皮，冠狀溝，初爲米粒大暗紅斑，迅即變爲黃豆大丘疹，表面可見鱗屑，經七～十天，表皮很快剝脫形成潰瘍，然後局部形成橡皮或軟骨樣硬結。約經二個月後全身皮膚發疹（二期梅毒），此時傳染性極大，應積極從速治療。否則可發生心血管梅毒、神經性梅毒或其它組織臟器的梅毒。梅毒感染三～四年，少數人三十～四十年以後發生三期梅毒，對皮膚和黏膜的損害爲結節性梅毒疹和梅毒樹象腫。

梅毒是全身性慢性傳染病，全部病程是活動與潛伏交替過程，故有時隱時現的特點，甚至有些患者根本不出現任何梅毒症狀，只有作梅毒血清檢查時才會發現陽性反應。血清化驗檢查診斷是不難的。目前治療梅毒的最好藥物是青黴素，青黴素三十萬單位就可將梅毒鉤端螺旋體殺死。維持有效濃度十二～十六小時。早期梅毒以及兩年以內的潛伏梅毒可用青黴素G治療，每次六十萬單位肌肉注射，連續十天，或長效青黴素一次肌肉注射二四〇萬單位（每側臀部分別注射一二〇萬單位）。如有青黴素過敏者，可口服四環素或紅黴素，每次〇．五克，每日四次，連服十五天。預防梅毒主要是遵守性道德，取締賣淫嫖娼活動，早期發現，及時徹底治療，否則將導致心血管和神經性梅毒，以至致殘致死。梅毒嚴重威脅人類的健康，千萬不要忽視。

2. 淋病

淋病是目前世界上發病率最高的性病。在美國，一九八三年淋病的患病率爲十萬分之四百零五，患病人數達八十九萬八千人，梅毒爲三萬二千人，二者發病比爲二十八比一。在我國，淋病已被列爲性病榜首。

淋病是由淋病雙球菌引起的一種疾病，俗稱「流白濁」。淋病絕大多數是由不潔性交直接傳染的。大多數約在性交後二～三天發病。開始爲排尿時尿道有痛感，繼而有淡黃色膿液從尿道口滲出，尿道口紅腫，陰莖勃起時疼痛，晨起有膿痂堵塞尿道口。如果不及時治療或治療不當，會引起生殖器官的慢性炎症而導致不能生育或不孕症。它還可侵蝕腦膜、胸膜以及心臟、肝臟、關節等引起播散性淋病，給人造成精神和肉體的雙重折磨。

淋病的治療，首選藥物爲青黴素G八十萬，肌肉注射每日二次，連續注射五～七天。如有青黴素過敏不能注射時，可口服四環素或紅黴素，首次劑量一．五克，以後每次五〇〇毫克，每日四次，連服七天，或强力黴素〇．一克，每日四次，連服七天。治療期間臥床休息，禁止一切劇烈運動及可能引起精神興奮的因素；禁止性生活，禁食刺激性食品，如酒、濃茶、咖啡等；注意局部衛生，污染的衣物要煮沸消毒，與家庭成員最好暫時分居，禁止浴池、毛巾和面盆等生活用品共同使用，嚴密堵塞傳播渠道。

3. 軟下疳

這是一種貧困病，在不發達地區往往因爲衛生條件差而在人群中傳播，患者的男女之比分別爲十比一，女性患者相對較少。軟下疳多發於熱帶及亞熱帶地區。

軟下疳是由於軟下疳鏈杆菌經性交傳染的一種潰瘍病。性接觸後潛伏期爲一～六天，平均二～三天，偶見七天以上。開始的症狀是肛門、手、乳房、嘴唇、舌等局部出現紅斑。數小時後出現丘疹，並逐漸發展成水泡和膿泡，病灶周圍出現紅暈。膿泡破潰後形成潰瘍；潰瘍面常呈圓形、橢圓形或不規則形，有灰白色膿性分泌物覆蓋，去膿液和潰瘍痂皮後，見有鮮紅肉芽組織，易出血，壓痛明顯，初爲一個潰瘍面，後因膿液外溢感染，周圍皮膚便發生多個潰瘍面（一般二～五個）。幾個相鄰潰瘍面可連成一大片不齊整的潰瘍病灶。潰瘍面邊緣成鋸齒狀，潰瘍面溢出的尿液有惡臭。潰瘍出現後一～二週，腹股溝淋巴結腫大、壓痛。如炎症繼續擴散，常常引起淋巴結周圍發炎而使淋巴結軟化腫脹，開始周圍皮膚發紅，以後發展爲膿腫破潰，形成瘻管（軟疳如發生在肛門，腹肌溝的淋巴結腫大，病程二～八週而自行痊癒，癒後結疤），軟下疳的治療，目前主要服用磺胺異噁唑一克，每日四次，連服七～十二日；四環素〇．三克，每日四次，連服十五日；卡那黴素五毫克，肌注每日三次，連用七天。

4. 性病性淋巴肉芽腫

性病性淋巴肉芽腫是一種濾過性病毒引起的急性或慢性淋巴結炎症，常由直接性交傳染，也可能因接觸患者分泌物間接傳染。此病多發生在熱帶、亞熱帶地區。本病潛伏期爲三～三十五天，一般爲七～十二天。始發部位：包皮龜頭、冠狀溝、手指、扁桃體、舌、尿道等。男性典型症狀，起病一～二十四週，先一側（七十％）後兩側（三十％）腹股溝淋巴腺腫大。腫大的淋巴腺質硬、稍痛或輕壓痛。一～二週後開始融合，並與周圍軟組織黏連，皮膚呈紫紅色，伴有水腫，壓痛等。二～三週後淋巴腺柔軟有波動感。進一步發展，淋巴結自中心軟化形成多發性膿腫以後潰瘍，皮膚穿破後形成膿液溢出的多發性瘻管。在淋巴腺炎期間，可有發熱（攝氏三十八～四十度）、畏寒、盜汗、厭食、肌痛、關節痛、體形消瘦、肝脾腫大等症狀。也有併發急性腦膜炎、肺炎以及癌變的病例。

目前主要治療是服用磺胺嘧唑一克，每日四克，連服二十日；紅黴素〇．五克，每日四次，連服三十日；利福平〇．六克，每日一次，連服十五日。個人預防方法，主要是嚴格遵守性道德，不亂搞兩性關係，講究衛生。

5. 尖銳濕疣

尖銳濕疣是由人類乳頭瘤病毒引起並主要通過性傳播的一種疾病，也叫性病疣。在性亂交的人群中流行，其中以青壯年男性發病率最高。尖銳濕疣常發生在外生殖器及肛門附近的皮膚黏膜濕潤區。偶發於乳房、腋窩等處。其症狀始爲淡紅色小丘疹，頂部呈指尖狀並有分泌物和瘙癢，以後漸漸擴大長成菜花樣腫物，質地脆弱，觸之易出血並有糜爛膿性分泌物。如併發感染可見局部充血腫脹，有惡臭分泌物滲出。因此，易被誤診爲惡性腫瘤。如不及時徹底治療也可能癌變。

目前對本病的治療有抗病毒和破壞疣組織兩種方法。用抗病毒治療法是用棉棒醮一％酞丁胺藥膏塗擦病變區，每日三～四次，一般在四～八週內症狀消退；用〇．二五％疱疹淨軟膏外塗患部，每日二次，連續治療二週即可見效；用十五％的氟脲嘧啶霜或其溶液直接塗於皮損區，每天一～二次（用藥不可太多，否則會引起炎症，黏膜發生糜爛），這種治療方法對男性尿道口尖銳濕疣效果更爲理想；用破壞疣組織法是液氮冷凍療法，即用液氮作淺表冷凍促使尖疣消退，此法不需麻醉，效果顯著（反覆冷凍二～三次即可，次數不宜過多，冷凍不能過深，否則可發生局部潰瘍）。另外，用CO_2激光刀切除疣組織，這是近年來使用的新技術，效果很好，其優點是切除時不出血，對正常組織無損害，術後無疤痕，並能保持正常外生殖器的形態，有效率達一〇〇％，一次治癒率爲八十％以上。本病傳播的方式主要是通過性交傳播，其次是通過共同的生活用品傳染。

6. 生殖器疱疹

生殖器疱疹是一種危害較大的性病，它給患者帶來難以忍受的肉體和精神折磨。它所造成的嚴重後果是全身性疾病，可導致雙目失明，甚至死亡，而且給新生兒造成相當高的死亡率。它還是造成病毒性腦炎的主要原因，並與子宮頸癌有密切關係。對從未接觸過這種病毒的人，它的傳染性非常高，婦女在接觸男性患者後，有八十％的婦女會受到感染，成爲社會的一大公害。

生殖器疱疹的傳播主要是通過性行爲或接觸。感染部位先是瘙癢、灼熱、繼而有紅斑，亦出現群集性水疱。三～五月後，水疱潰瘍，有疼痛，結痂。發病時及發病前有發熱、全身不適、頸項強直、頭痛等症狀。發病時伴有淋巴結腫大、壓痛，約經一～三月才緩慢消退。本病最突出的特點是多發生在暴露部位，如陰莖、龜頭、陰道、陰唇以及肛門等處。本病的治療目前主要選用青黴素八十萬單位，鏈黴素〇．五克，混合後一日二次肌肉注射。亦可選用林可黴素六〇〇毫克，一日二次肌肉注射。本病最根本的治療，是禁止性亂交。

7.非淋菌性尿道炎

凡通過性接觸，由淋菌以外的其他微生物感染所致的一種尿道炎稱爲非淋菌性尿道炎（另有一種由葡萄球菌和大腸桿菌等引起的與性接觸無關的尿道炎，不屬於性病的範圍）。非淋菌性尿道炎其中最多見的病原體爲砂眼衣原體，這種病原體引起的尿道炎占非淋菌尿道炎的五十％，其中合併淋菌感染者占二十～三十五％（同性戀者中有二十～三十％爲陽性，異性戀者二十～四十％爲陽性）。尿道支原體占三十％，其中二十％爲生殖器疱疹病毒、包皮桿菌等。

本病主要是通過性交傳染，異性戀者傳染高於同性戀者。這種尿道炎經過性接觸後，潛伏期爲二～三週，其症狀是初時尿道口紅腫、瘙癢，排尿困難有黏性分泌物溢出。併發症常見的有肛腸炎、前列腺炎、附睪炎、腹股溝淋巴腺炎、陰囊紅腫、疼痛、壓痛、紅斑等。患者起初無症狀或只有臨床淋病體徵，主要症狀是尿道有少量分泌物，排尿有灼痛感，但這些症狀都比淋病輕，分泌物塗片化驗檢查找不到淋球菌，其它病菌可爲陽性，血清補體結合試驗爲陽性，熒光抗體試驗亦爲陽性。

非淋菌性尿道炎應與淋菌性尿道炎相區別，顯然兩者都是性接觸傳染的一種性病，但兩者只是症狀相同，而病原體各異，因而治療方法也不一樣。診斷時應該特別注意的是有時也有兩者同時存在或先後發生的情況，因此治療時應加以區別。這種尿道炎的治療方法主要是消除炎症，一般首選藥物是四環素〇・五克或紅黴素〇・五克，每日四次，連服二十一日。其次使用强力黴素〇・一克，每日一次，連服十五日。預防的主要措施是禁止性亂交，注意個人衛生。

8. 愛滋病

愛滋病可以說是一種世紀性的瘟疫，是一種可怕的死亡幽靈，被稱爲超級殺手。幾年前，世界疾病控制中心就發表了令人震驚的消息，在美國已有十萬多愛滋病患者，其中已有五・四三萬病逝，死亡的人數幾乎相當於死在越戰時的美軍人數。自一九八一年發現愛滋病以來，全世界已有一百多個國家和地區報告有愛滋病，且患病人數在成倍增長。目前，我國（大陸）已發現一千一百七十餘例愛滋病（含病毒攜帶者），儘管如此，專家們分析認爲，愛滋病的傳入只是時間問題。對於這種不可逆轉的死亡幽靈，我們的首要任務是阻止其傳播。

愛滋病是一種性傳播的「獲得性免疫缺陷綜合症」，其特點是患者細胞免疫功能嚴重缺陷，使人體失去對外界一切感染的抵抗能力，以致一些本來對人無害或危害不大的微生物引起致命的感染，甚至發生不尋常的腫瘤。本病主要是性接觸傳染，特別是男性同性戀者。

根據美國對二萬多例愛滋病患者的分析，其中七十%以上是男性同性戀者，男性同性戀者發病率高的主要原因是直腸黏膜比陰道的複層鱗狀上皮柔嫩易破損感染，而且男性同性戀行爲劇烈，受損傷的直腸黏膜，給愛滋病毒造成入侵的機會，男性同性戀性生活十分混亂，性交活動頻繁等都增加了感染和傳播愛滋病毒的機會。

愛滋病目前尚無特效的治療方法，最好的防治方法是避免濫交，以防範於未然。因爲愛滋病的主要傳播途徑爲男性同性戀（占七十%），靜脈注射毒品（占十五%），以及接受污染愛滋病毒血液的患者（占一%）、血友病患者（占一%）、異性戀（占〇・五%）、胎傳（占〇・五%），其他原因占三~五%，因此預防措施主要是禁止同性戀和靜脈注射毒品，禁止使用不合格的血液及血液製品，禁止國外舊衣服輸入。另外，採用針對機會性感染和惡性腫瘤的治療、糾正免疫缺陷的治療與抗病毒的治療等綜合治療方法，針對病毒進行阻止。

總之，預防性病對於個人來說是容易做到的，只要潔身自愛，性關係不亂，不搞同性戀、不嫖娼、不吸毒品，就無直接被傳染的可能性。假如已感染性病，必須積極徹底治療，以杜絕性病的傳播和蔓延。

㈤、性器官自我保養和清潔法

1.男性生殖器官的保養與清潔方法

⑴每天早晨和晚上仔細地清洗陰莖頭，也要洗包皮的裡表面、陰莖頭冠，特別是要把包皮翻起來洗，每次用一小塊藥棉沾些乾淨水進行清洗。

⑵小便時避免尿滴弄髒內褲。要盡可能經常勤洗換內褲。同樣的睡衣褲也應該經常洗。

⑶每次小便後最好使用一塊乾淨藥棉輕輕沾去陰莖頭上的尿滴。

⑷性交以後，應清洗陰莖，要按照⑴的指導方法清洗陰莖頭。

⑸陰莖如果顯出發炎的症狀——可能因性交中潤滑太少，引起的陰莖發癢、發燒、微腫、發紅，特別是在包皮冠狀處最爲明顯，更要非常仔細地用藥棉清洗，洗淨後把包皮翻過去，薄薄地沾一層滑石粉，要特別注意給陰莖頭部和冠部沾上滑石粉，這樣可以防止陰

莖頭與包皮之間的摩擦。

2. 女性生殖器官的保養與清潔方法

(1)每天早晚要徹底地清洗一次外陰，要特別注意陰蒂和小陰唇周圍的皺褶和縫隙。用一塊清潔的藥棉和溫水清洗，洗後用一塊乾淨的毛巾輕輕地把水沾乾，切記不能擦乾。

(2)只要有可能，小便後就要清洗，以除去尿跡。用專門的盆、藥棉和乾淨的溫水或冷水洗，洗後用乾淨毛巾擦乾。

(3)大便以後，一定要仔細地清洗肛門。要用質地很好的衛生紙除去固體髒物。只能從前往後擦，絕不能從後往前擦，然後清洗一下，也從前往後擦。肛門應非常仔細地清洗，便後不科學的肛門清潔方法會造成多方面的危害。最後，用新的乾淨水和乾淨藥棉清洗外陰，要嚴格防止肛門排泄物污染外陰。

(4)避免大便、小便或陰道排出物污染內褲。如果弄髒立即就換掉，床單弄髒後也應換掉。要常常換睡衣、內衣和床單，這一點很重要。

(5)在月經期間，應最大可能地保持陰部的清潔。月經帶或衛生巾應當經常更換，而且只能使用非常乾淨的專用衛生綿。同時清洗的毛巾也應該常常更換，只能使用完全清潔的特備清洗毛巾。另外，至少一天換一至兩次內褲。

⑹性交後要像上述⑴指導的那樣仔細地清洗外陰。

⑺在猛烈地性交之後，特別是在潤滑不足，月經來潮時性交後，如果顯示出炎症跡象：如外陰發紅、發燒、發癢、微腫或其他症狀，也包括極微小的傷口，此時的外陰清洗就要更徹底，但動作要輕柔，輕輕地拍乾，然後用藥棉在外陰小陰唇處沾上滑石粉。在任何炎症中，加倍的清潔是極爲重要的，保持清潔，可以避免這些部位炎症的進一步發展。

⑻不要用所謂的「清潔」沖洗劑。它會破壞陰道的化學變化過程，這種陰道的化學變化過程產物是一種天然的防腐劑。

總之，男女雙方除了經常的全身洗浴之外，在採用上述保養和清潔方法的同時，無論是夫婦哪一方，都只能用非常乾淨的手接觸生殖器官，對於婦女的生殖器官尤其是這樣。要明白一個道理：美滿的性生活，只有在身體清潔的保護下才能獲得成功！

第五章　健身運動與性愛生活中的特殊問題

在現實生活中，由於每個人的情況和條件各異。因此，在健身運動和性愛生活過程中會遇到許多特殊的問題，需要我們高度重視、認真對待，並採用科學的方法加以解決。

(一)、身體沒有病就用不著參加健身運動嗎？

在現實生活中，有不少人存在著一種錯誤認識，覺得自己能吃能睡，身體沒什麼毛病，有足夠的精力應付工作和學習以及其它活動，根本用不著花費時間去參加健身運動。

英國作家卡萊爾曾經說過：「健康的人未察覺自己的健康，只有病人才懂得健康。」這句名言警策人們：平時就要重視並堅持運動，不要等到疾病來襲時方考慮健康問題。事實上，一個人的身體由好到壞、由强變弱，是一個漸變的、不易察覺的過程。如果等有了病時才引起注意，就被動了，甚至補救也來不及了。所以，人們不能因沒有什麼病，就放棄健身運動，應當從長計議，放眼未來，用堅持不懈的運動贏得强健的體魄。

(二)、女子為什麼要重視腹肌和骨盆底肌的鍛鍊？

腹腔內容納著很多重要器官，腹肌是構成腹腔的前壁和側壁，骨盆底肌則封閉著腹腔的下口。可見腹肌和骨盆底肌對維持人體正常腹壓，保持腹腔各臟器的正常位置及功能有重要作用。

女子由於懷孕和分娩，對這部份肌肉的鍛鍊要求較男子更高。懷孕時子宮增大，體積比平時大得多，腹壁肌肉皮拉長。分娩後，腹內壓驟然下降，需要腹壁肌肉及骨盆底肌迅速復原以維持正常腹壓，一些女子內臟下垂和患有子宮脫垂，往往和這些肌肉過份鬆弛無力有關。鍛鍊這些肌肉，有助於維持正常腹壓及分娩的順利進行，對女子身體健康及工作勞動能力的保護有積極意義。

鍛鍊腹肌的方法很多，如躺在床上做仰臥起坐、仰臥舉腿、仰臥以手撑腰把腿舉起做蹬車狀練習，在單槓台或肋木上懸垂舉腿，雙槓上支撑收腹舉腿以及徒手操中腹背運動、體轉運動、擺腿踢腿等等都對腹肌的增强很有益。

骨盆底肌是封閉小骨盆出口處的肌肉，主要由肛提肌組成，承受腹部臟器的重量及壓力，還有提肛、括約肛門等作用。鍛鍊這部份肌肉可採用仰臥吸氣，同時將臀部略提高離床面，用力收縮骨盆底肌，提肛門，呼氣時還原；也可坐在小凳子上，兩小腿交叉，兩手不扶物，用力站起和坐下等練習；此外，擺腿、踢腿、跳繩等也對骨盆底肌的增强有益。

㈢、女子運動員在經期參加訓練和比賽應注意什麼？

女運動員經期有四種不同類型的表現：

第一種，正常型。經期自我感覺正常，機能試驗正常，成績穩定。

第二種，抑制型。經期體力降低，身體反應明顯，疲勞無力，動作遲鈍、嗜睡、不願訓練、脈搏減慢，血壓降低，機能試驗心血管反應恢復延長。

第三種，興奮型。經期各生理指標都趨於增高，出現異常激動現象，但動作較僵硬，肌肉難以放鬆，脈快、呼吸快、血壓升高、腹痛等。

第四種，病理型。經期出現病理反應，腰酸背痛、噁心、口渴、頭暈、睡眠不好，不願訓練，成績下降等。

應根據運動員經期的不同表現類型，採取不同的對待方法。正常型的運動員可以進行訓練和比賽；抑制型和興奮型的運動員可參加比賽，病理型的運動員不應參加訓練和比賽。但不論哪一種類型，參加訓練時都應減少運動強度和運動量。

對於有子宮炎、盆腔炎、流產史的運動員，經期應禁止參加比賽。有時爲了參加重要比賽，可用人工周期方法，推遲或提前月經期，使月經錯開比賽期。推遲月經期一般用黃體酮或十八—甲基炔諾酮，在月經來潮前六～七天開始注射或服用，直到計劃期間二天停止。也可提前行經期，由行經的第五天開始每日服複方甲地孕酮一片，連服十五天，停服後的二～五天即來月經。

另外，女運動員應該建立月經卡片，便於合理安排訓練節奏、運動量和比賽。

(四)、女子游泳、跳水運動員經期下水應注意什麼？

女子游泳、跳水運動員經期下水時，除了注意訓練量要合理安排以外，還要注意水可能給機體帶來的不良影響，經期的子宮是開放的，游泳或跳水時，水可能通過行經途徑造成逆行感染。同時冷水對經期機體的刺激，可妨礙盆腔的血液循環，這些都可能影響運動員的身體健康，出現月經周期紊亂等不良反應。

此外，經期下水還會給游泳池水帶來污染。爲了不中斷運動員的訓練和比賽，目前國內外採用以下兩種方法堅持下水：一是採用人工月經周期，調整月經周期，錯過比賽期；另一方法是在經期下水時使用陰道栓塞（用消毒脫脂棉或特製的栓子），這對女子運動員的身體無不良影響，且安全適用。

(五)、女子參加健身運動對下一代有什麼影響？

現代生理醫學的研究資料顯示：母親的體質和健康水平，對其子女的體質是一個重要的遺傳因素。比如一個人受心肺功能制約的最大攝氧能力，有一半以上受遺傳因素的影響，而女子參加運動，能使心臟容積增大，射血量增多，心肌有力，下一代往往也是有這方面的遺傳素質。女子參加運動，還有助於減少自身心臟疾患的可能性，而這對子女心臟的健康也有重要影響，如資料顯示，父母患冠心病，則其子女冠心病發病率高於正常人子女的五倍；單純性肥胖，家族遺傳是重要因素，如果雙親過胖，則其孩子肥胖的可能性爲一般孩子的十倍左右，而身體過胖往往是一些疾病的誘因。另外，孩子的健康體態也和母親遺傳因素有關，如有調查資料認爲，女孩子的體型和母親尤爲相似。一些對女運動員的調查表明，女運動員新生嬰兒的體重平均比對照組約重二五〇克。

因此，女子參加健身運動，不僅本人受益，有助於體態健美、性活力强健及體質的增强，而且還使下一代受益，使孩子長得健壯。

(六)、女子在月經期能否參加健身運動？

有些女性，一旦月經來了就不怎麼參加運動，甚至停止了鍛鍊。實際上大可不必，只要我們了解月經常識，注意月經衛生，完全可以適當參加一些健身運動，適當的健身運動對促進體內代謝，改善盆腔血液循環，減輕盆腔充血、減少小腹下墜和脹痛等不良感覺是有益的。適當的健身運動還能使大腦皮質興奮、抑制過程更加協調，有助於調節情緒，使人精神愉快，減少經期煩躁。

在月經期間進行鍛鍊時要注意選擇緩和的、運動量不大的運動項目，科學安排，不會有不良結果。月經來後的第一、二天可以做些廣播健身操等輕微活動，第三、四天的運動量可以增大，如托排球、打打羽毛球、乒乓球、門球等。第五、六天後就可以照常參加正常的健身運動。另外，在月經期間要注意避免過於激烈的奔跑、跳躍及負重力量鍛鍊。鍛鍊時間不宜過長，一般在十五分鐘至三十分鐘爲宜。對於一般沒有鍛鍊基礎的婦女，在月經期間不宜參加比賽和冷水鍛鍊、游泳等運動（但訓練有素的女運動員是要適當參加這些運動的）。因爲比賽的大强度和冷水鍛鍊對機體刺激也較大，這樣會造成神經負擔加重，由於平時沒有很强的適應能力，就容易產生內分泌失調等病症，造成經期紊亂。因此，在月經期參加鍛鍊一定要慎重。月經期間有明顯的腰酸背痛、下腹疼痛較劇烈、全身不適、月經不正常（周期過頻、持續時間過長、血量過多等）；內生殖器官有發炎性疾病的女性，經期則應暫停參加健身運動。

那麼，參加了運動隊的女性，月經期能不能進行系統的訓練和比賽呢？月經正常、平時堅持經常運動的女性，在參加運動後可逐步地讓她們在經期參加系統的運動訓練，但運動量要減少，注意區別對待，做好醫務監督，使女運動員逐步獲得經期進行訓練的適應能力。近年來運動醫學觀察説明，平時月經期從事運動訓練，可使運動員機體對經期比賽逐步適應。月經期對訓練能逐步適應的女運動員，經期可以參加一定的比賽而不會有不良後果。科研工作者曾在一些全國性的運動會上，對參加比賽的月經來潮的女運動員進行過調查，發現有七五％的女運動員比賽後行經正常。當然，這種適應能力要逐步在訓練中獲得。至於一般鍛鍊身體的女性，月經期則不宜參加比賽。

(七)、女子在月經期為什麼不能游泳？

婦女在月經期不能游泳的原因，有以下幾個方面：

1.月經期由於子宮內膜脫落而出血，常使與陰道相通的子宮頸口處於鬆弛狀態，同時陰道內常有少量積血，如果不注意外陰衛生，極易使細菌有可乘之機，或成爲細菌活動的溫床。此時下水游泳，水中的病菌可能從陰道進入子宮、輸卵管等處，很容易引起上行性感染，造成各種急慢性婦科病患。

2.月經期由於受內分泌的影響，一般婦女盆腔多有充血，子宮內膜的創面不宜受到强烈的刺激，劇烈的游泳運動和涼水的刺激，可能引起卵巢功能的紊亂而造成月經不調，造成閉經和月經量增多的經期延長。

3.月經期的出血和體內的各種變化，可使人體全身和局部的抵抗力降低，所以在月經期應該注意保暖和適當的休息，而不宜下水游泳，否則容易發生各種疾病，如感冒、上呼吸道感染等。另外，月經期下水游泳也有礙游泳池水的清潔。應該指出的是，有些婦女，尤其是剛剛進入青春發育期的少女，不懂得經期衛生，在月經期的後二天出血量很少的情況下就下水游泳，或者在游泳過程中，突然來了月經還堅持游泳，這都是不適宜的。

目前國外和國內的一些地方，有些婦女或游泳運動員在經期照常下水游泳，並認爲對身體沒有妨礙，她們是採用一種特製的陰道栓子，這個辦法目前我國尚未普遍推廣採用。

㈧、女子在月經期停止跑步好不好？

有些愛好長跑的女性，在每次月經來潮時往往由於身體有些反應而中斷跑步，有的人經期又較長，往往形成每個月跑三週停一週的局面，這樣好不好？

我們知道，生育期的婦女一般每次行經三～五天（有人稍長，達六～七天），有輕度的小腹悶脹不適，腰腿酸困、乳房脹痛、情緒不穩等現象。如果只是有這些輕度的正常的生理反應，月經期是可以繼續堅持健身跑鍛鍊的。以行經五天者爲例，如果經期開始的二～三天內鍛鍊不適的話，那麼，月經結束前的兩天，行經已進入低潮，子宮內膜開始修復再生，反應已不明顯，還是可以堅持鍛鍊的。還有些愛好長跑的女性月經期反應較大，除上述反應外，還伴有食慾不振、頭痛、嗜睡、經期較長或月經量較多（血量超過一〇〇毫升，甚至達二〇〇毫升）等現象。只要是屬於正常生理現象，除了注意適當休息，也還應當繼續參加一些適當的健身運動。如果整個經期一點不動，特別是經期長的，中斷時間過久，鍛鍊的節奏性被破壞，會影響健身效果。

當然，這樣一些女性要做到月經期堅持健身慢跑鍛鍊，還需要身體有一個逐步適應的過程，不能勉强從事。除少數經痛嚴重者外，應該到户外散散步。如果身體能夠適應，就可以延長散步的時間和距離，以後如果身體反應正常，沒有特別不適感，可以再改為快步走。經過若干月經周期的過渡，身體逐步習慣於月經期活動，不但沒有不良反應，而且產生一種勝任愉快的感覺和運動的要求，這時就可以在經期做走跑交替，最終過渡到經期也能堅持減量慢跑或照常進行健身長跑鍛鍊。

(九)、女子在月經期運動時應注意什麼？

1. 除要注意經期的衛生外，參加運動應根據不同年齡、健康狀況和訓練水平等個人情況來，適當安排鍛鍊項目和運動量。

2. 對月經初潮期間的少女來說，在月經初潮的一～二年內，性腺內分泌的周期性尚未穩定，月經周期往往不準，並且容易受干擾，所以月經初潮期間的少女宜參加運動量小的活動，而且要循序漸進。如果她們月經正常，健康狀況良好，也可以養成經期訓練的習慣。

3. 在經期內要避免參加劇烈的、大强度的或震動大的跑跳動作，如急跑、長跑、跳高、跳遠等運動，也不能進行增加腹壓的力量性練習，以免造成經血過多或子宮位置改變。

4.從事一般健身鍛鍊的女性，經期不宜參加比賽，因爲比賽的運動強度大，精神緊張，神經系統往往不能適應，會引起內分泌失調、月經紊亂、腹痛、月經過多或過少等症狀。

5.對訓練水準較高而且又有經期訓練習慣的女運動員來說，則應根據經期的身體狀況和訓練情況，以及自己的習慣適當地安排訓練和比賽。

(十)、妊娠期婦女應該怎樣鍛鍊身體？

妊娠期科學適量的運動對孕婦及胎兒的健康都是有益的。實驗表示，每天適當運動的母鼠生的幼鼠體重較重，在提前斷乳後全部存活，而不運動的母鼠所生的幼鼠體重比運動鼠所生幼鼠的體重輕十～十五%，提前斷乳後存活率只有五十～六十%，另一項研究顯示，在妊娠期適當運動的孕婦，其新生兒心臟要比一般嬰兒大些；妊娠期婦女適當運動，還能促進腰部以及下肢血液循環，減輕腰腿酸痛及下肢浮腫，防止便秘、靜脈曲張等發生。也有助於促進身體對鈣磷的吸收。減少妊娠中毒和其他妊娠併發症的發生。有助於順利分娩。但妊娠期的運動必須按科學規律進行，內容及運動量要嚴格控制，切忌盲目進行。

懷孕頭三個月，容易發生流產，因此活動要慎重，不能進行較爲激烈的、身體振動較大的運動，只宜進行短距離的室外散步，做些緩和的徒手健美操、保健操（但不要做跳躍運動）及太極拳等活動，做這些活動有助於減輕妊娠反應。

懷孕四～六個月時，由於胎兒逐漸長大，孕婦活動不便，這階段的活動以散步、做徒手操和孕婦保健操等爲宜，也可進行床上體操或舞劍活動等，不要激烈跳躍、奔跑，要以娛樂性爲主。

懷孕七個月至分娩，這時期子宮顯著增大，身體重心前移，呼吸較困難，活動不便。運動應十分慎重，過量的活動容易引起早產，應以緩慢的散步爲宜，或在床上作些輕微的保健操等。

妊娠期活動總的原則是避免劇烈運動，切忌使身體過份疲勞。有流產史的婦女孕期活動尤應特別愼重。

㈩、妊娠期婦女在運動時應注意什麼？

妊娠婦女參加健身運動，首先要考慮到孕婦本人和胎兒的安全與健康。要根據孕婦體質情況安排運動，禁止劇烈的跳躍、負重練習，避免增加腹壓、憋氣和身體接觸運動。我們知道，婦女妊娠後，在生理上會發生很大變化。從形體上看，因胎兒孕育成長，腹部可向前突出，導致骨盆前傾，身體重心也隨之前移，腰椎前凸增加，這樣就加重了背部肌肉的負擔，有的孕婦可能會產生腰痛等症狀。另外，骨盆韌帶還會出現生理性鬆弛，造成關節穩定性降低。

懷孕後心、肺、腎等內臟器官的負擔也都增加。這些生理改變，使孕婦易感疲勞，影響了妊娠婦女的運動能力。所以，應選擇適宜的健身運動項目進行鍛鍊，例如可做徒手和緩和的運動，這對妊娠婦女會有益於健康，而不會產生有害影響。

在整個妊娠期間，孕婦體重不宜增加太快、太多，一般增加十公斤左右就可以了。有的孕婦爲了減肥而節食，這對孕婦和胎兒的健康都很不利。因此不宜採取這種方法，而應通過運動來控制體重的增加，來改善形體。在鍛鍊過程中，要進行自我醫務監督，嚴格觀察心率等機體變化情況。每天鍛鍊時間不宜過長，一般運動三十分鐘即可。運動後的最快心率不得超過每分鐘一三〇次，並應在運動後的五～十分鐘內恢復到運動前的心率，身體不應有不舒適的感覺。在運動中，最好不用音樂，以免在音樂的伴奏下，不知不覺地加大運動量而引起過度疲勞，損傷身體健康。

㈢、產後婦女應該怎樣鍛鍊身體？

分娩後，產婦身體從巨大的負擔中解脫，精神和身體都感到鬆弛下來，在產後進行適當的鍛鍊是必要而有益的。

產後鍛鍊的目的有二：其一是增進產婦身體健康，產婦分娩後腸胃功能往往有所減弱，腹肌由於懷孕時過份拉伸而變得鬆弛，子宮也較鬆弛無力，適當的鍛鍊能有助於促進腸胃的消化吸收，使內臟器官保持正常位置，防止內臟下垂及脫垂等發生；其二是保持產婦體態健美。產後進行適當的鍛鍊，可增强腹肌及骨盆底肌力量，減少多餘脂肪的堆積，保持健美體態。

產後鍛鍊的時間，一般來講順產的婦女，在產後第二天就可開始在床上作些四肢的輕鬆活動，及有節奏的呼吸運動等，產後一個月，可下床作站立的恢復體形健美操及在床上做些活動幅度較大的產後保健操。

產後鍛鍊的內容有：第一：有節奏的呼吸運動，有助於膈肌及腹肌的有節律運動；第二：產後保健操及恢復體形健美操；第三：產後月子裡怕吹風，可以在室內站立原地活動一下腿腳或室內稍事散步。

但要注意：凡產後體溫升高發熱、持續血壓升高者、有較嚴重心肺肝腎疾病者、貧血及其他產後併發症者、作剖腹手術或會陰嚴重撕裂者，產褥感染者均不宜鍛鍊。

㈢、更年期婦女應該怎樣健身美體？

婦女一般到四十八歲左右，卵巢功能開始逐漸衰退，首先停止排卵，最後卵細胞也不發育，雌性激素分泌量顯著減少，最終月經停止，即絕經。卵巢衰老的過程稱更年期，是每一個婦女必然要出現一次的生理現象。哪些婦女能較順利地經過更年期，哪些婦女更年期症狀比較多，主要由婦女的健康狀況和精神狀況來決定。平時體質較好的健康婦女，到更年期時，體內各器官是有能力承受這一變化所造成的負擔。

因此，能較順利地度過更年期，健康狀況和精神狀況較差的婦女，他們對更年期這一生理階段，對身體所增加的負擔進行調節的能力就較差，容易產生失眠、記憶力衰退、情緒波動、疲乏無力、浮腫等種種綜合症狀。因此，婦女應在更年期前就積極參加健身運動，在更年期時更應注意身體鍛鍊，使身體各種機能較快地適應這一變化。

更年期參加健身運動，要因人而異。體力勞動婦女要加強全身不同部位的肌肉活動，以消除疲勞提高精力；腦力勞動婦女更要多參加健身運動，以便使精神放鬆，提高機體調節的能力。

更年期婦女可以參加健身操、健身慢跑、氣功、太極拳、健身步行和非比賽性的球類活動等項目。動作感較輕緩些，運動量要在中等以下，一般每天要在户外活動一～二小時，呼吸新鮮空氣，促進體內循環，改善機體健康狀況。

更年期綜合症較嚴重的婦女應及時請醫生進行檢查，再根據醫囑進行藥物和體療鍛鍊，這樣效果較爲理想。

㈦、女子是否適宜進行長跑鍛鍊？

專家們對參加馬拉松賽跑的女運動員進行細部的觀察，認爲長跑對女子身體健康有益而無害。女子能夠參加長跑鍛鍊，在生理上具備如下有利條件：

1.生理學表示，進行基本上屬於有氧代謝的運動時，約五十～六十％的能量由氧化脂肪獲得，而女子體內脂肪較男子約多十％，因而長跑時能源充足。跑後女子血液中游離脂肪酸的增加較男子多，說明女子長跑中較多地利用脂肪供能。

2.研究表示，男女優秀長跑選手單位體重的最大攝氧量的比率，女子約爲男子的七十％，但男女賽跑紀錄的比率，女子約爲男子的八十八％，說明以同樣的速度運動，女子耗氧量較男子少，氧的利用率高。

3.體溫調節能力較好。一九七一年，國外一次有八〇〇五名男女運動員參加的群衆性長跑比賽中，有二十九名運動員虛脫，全部爲男性；一九七二年，參賽人數增加近一倍，女性占三十％，九名運動員中暑也全爲男性，可見女性在長跑中及時散熱調節體溫能力較好。

由上可見，女子參加長跑鍛鍊是安全適宜的。

(十五)、女子練肌肉力量會使體型「男性化」嗎？

女子健身運動的內容十分豐富。如打拳、做操、玩球、跑步、行走、爬山等等。而負重力量練習也是女性健美鍛鍊的重要內容。近年來較爲一些女子喜愛的健美鍛鍊，往往是操作啞鈴、槓鈴、拉力器、綜合健身器等負重器械。女子練肌肉力量的逐漸增多，但也有這樣的疑問：女子練肌肉力量會不會使肌肉過份發達而「男性化」，失去女性體態的美。

其實，這種顧慮是多餘的。不少生理醫學的研究表明，舉重等負重練習能使女子力量增大，但肌肉不會過分增粗。男子肌肉的發達及輪廓明顯，除了鍛鍊外，還有男性激素——睪丸酮的影響，在性成熟前，男女肌肉無大差別，青春期以後，由於男性激素分泌明顯增多，男性肌肉才明顯粗壯於女性。有研究報告說，男子分泌的男性激素，特別是睪丸酮，要比女子高二十～三十倍。

因此，女性參加健身運動，特別是參加健美鍛鍊，對發展全身各部位肌肉、健美體形、强健性活力是有益的，而不會使肌肉「男性化」，對身體不會帶來不良影響。

(十六)、健身運動會傷害處女膜嗎？

處女膜是女性陰道口的一層膜樣組織，正常的處女膜都是有孔口的，到了青春期月經就從孔口排出來，如果沒有孔口，月經就排不出來，這就是一種叫做處女膜閉鎖的病症。處女膜孔口的大小、形狀及膜的厚薄、韌性都因人而異。有的處女膜口較緊小，有的稍鬆大，有的處女膜很薄，一次跳躍震動即可破裂，也有的很厚，雖高度擴張也不會受傷。

經常參加健身運動的女性，有時確實會造成處女膜的裂傷，但並不是必定會引起處女膜損傷，即便是劈腿等動作也不一定會使處女膜損傷。輕度的處女膜破裂可能自己並無感覺，有的則有少量出血和不適，並不會引起多大損害，很快就會好的。

所以，參加健身運動不要有怕處女膜損傷的顧慮，縱然有輕度的撕裂，即不影響健康也不影響生活。

㈦、為什麼有的女子在跑、跳時會尿失禁？

尿失禁是指小便不能控制而自行排出的一種病症。尿失禁的種類很多，但最常見的是女性張力性尿失禁，有的書上也稱爲壓力性尿失禁。這種病的病情可以輕重不一，輕的病人只有在咳嗽、打噴嚏等腹壓增加的情況下，偶爾出現尿液不自覺地流出。中度的病人，在做憋氣或使勁的動作（如跳高、仰卧起坐、推槓鈴、短跑等）時，都會發生尿液流出，重度病人在直立或平卧時也會發生。當然，重度病人比較少見。

這種病雖然不算什麼大病，但也會給患者在生活和工作上帶來不便。引起這種疾病的原因很多，有的是由於多次分娩，使產道多次擴張，盆底肌肉鬆弛，同時使尿道括約肌的收縮能力減弱；有的是由於生孩子時尿道括約肌受到損傷，而減弱或失去控制的能力；停經後的中老年婦女患此病，則多半是由於隨著年齡的增大，尿道括約肌發生萎縮所致，另外，有些慢性病、體質虛弱或營養不良等亦可能引起尿失禁。

總之，張力性尿失禁是由於各種原因引起控制排尿的尿道括約肌變得鬆弛、無力、收縮能力差、張力下降所致。

除了重度病人需要開刀治療外，輕度和中度的尿失禁病人，不需要特殊治療，一般只要加强身體鍛鍊，採用本書中介紹的「性活力强健法」就行了（骨盆性肌肉强健法和會陰區深層性肌肉强健法）。常在跑跳時出現尿失禁的中度病人最好採用這一種鍛鍊會陰肌肉的方法，即像大小便結束時那樣反覆收縮肛門部和會陰肌肉。因爲通過這樣的鍛鍊，會陰部肌肉的收縮力加强，同時也會使原來鬆弛、無力的尿道括約肌的收縮力也得到加强，從而達到控制尿液流出的目的。這種鍛鍊方法一般每週三～四次，每次十～二十下，共做四組，持續鍛鍊半年時間，尿失禁症狀就可消失。

(六)、結紮輸精管對參加健身運動有什麼影響？

有些男性擔心作了結紮輸精管手術後會影響身體健康，不能再參加體力勞動和健身運動了，其實這種想法是沒有科學根據的。

輸精管結紮手術是將陰囊段輸精管結紮，切斷精子通路，使精液裡不會有精子，而達到絶育的目的。這種手術除了阻塞精子通道外，對生殖器官及性機能不會產生不好的作用，不會影響睪丸也不會引起内分泌的改變。因此不會使人發胖或改變男性特徵。這種手術小而簡單，一般手術後三天就可行動如常，一週後完全可參加正常的生産勞動和健身運動。

實踐已證明，結紮輸精管對身體健康及勞動能力都沒有損害，當然也不會影響參加健身運動了。

㈩、為什麼有的人在劇烈運動後會「遺精」？

有的人在參加健身運動後，尿中出現乳白色的混濁物，這是不是精液呢？不是的！這是人體中一種無機鹽的成份，叫做磷酸鹽。

當人體從安靜狀態轉入劇烈運動時，由於物質代謝很旺盛，磷酸鹽的代謝過程隨之加强，當泌尿系統的磷酸鹽達到一定量後就會隨尿排出體外，看起來尿中的乳白色混濁物貌似精液，其實它與精液無關，當運動量減少時，代射過程減緩了，則會自然消失，因此没有必要産生顧慮，可以放心大膽地繼續鍛鍊下去。

廿、男子遺精後還能參加健身運動嗎？

不少青少年對突然出現的「遺精」感到擔心、害怕，認爲「人之精液」流了出來就是身體虛弱、虧損的表現，甚至懷疑自己有了病。其實，男子進入青春期，伴隨著生殖器官的發育成熟，就會遺精。精液裡主要含精子及一些腺體的分泌物（精囊液和前列腺液等）。從成份上分析，大部份是水，有少量的蛋白質及極微量的果糖、枸櫞酸、前列腺磷酸酶等。同血漿相比，並不含多少驚人的營養物質。

遺精是男子性成熟的標誌，也是正常生理現象，一般在十四～十六歲時出現，也有提前和延後的，八十％以上的未婚青年都會遺精。遺精多在夜間睡眠時發生，睡夢中發生遺精者，稱爲「夢遺」，清醒時因性衝動或無其它感覺而外溢者，稱爲滑精。初次遺精的發生率，夏天比冬天多五倍左右。說明它與氣候因素有一定關係。正常男子，一般一個月左右遺精一次，半個月甚至一個星期一次，也不算異常。

所謂「精滿自溢」，這是身心健康發育的結果。大多數人遺精後没有什麼感覺，少數人會有些疲勞感，這可與興奮影響睡眠有關。這種情況並不影響參加正常的健身運動，甚至可繼續進行運動訓練和比賽。不過，如果因爲遺精而影響睡眠，應適當減少運動量，以利於機體的恢復。

㈡、性生活後能否參加游泳運動？

已婚男女之間正常的性愛生活，只要安排得合理、適當，對身體不會產生不良影響，性生活後的第二天沒有什麼不適感覺，不應當影響正常活動和健身運動，也照常可以參加游泳活動。

但有一部份人，由於平時身體比較虛弱（如患有慢性病或神經衰弱），或患病後剛剛痊癒，在性生活後的第二天，有時會感到輕微的乏力或頭暈等不適症狀，此時可以暫停一～二天游泳活動，等到不適感覺消失後，再參加游泳活動比較合適。

也有一部份人，由於沒有這方面的知識，對性生活缺乏正確的認識，總存在著一種恐懼心理，認爲性生活後身體發虛、没勁。其實，這些感覺大都是精神作用的結果，没有什麼科學根據。

應該指出，有少數人由於不善於合理安排性生活，過頻或過度，往往在一段時間內出現不同程度的頭暈或目眩、精神不振、腰腿酸懶等一系列症狀，尤其在性生活後的第二天更爲明顯，遇到這種情況就暫不宜參加游泳活動。

這些人應該合理地安排性生活，適當地參加一些健身運動，如健身跑、健美操、羽毛球運動、打桌球和氣功、太極拳等來調節生活。

(廿二)、壯陽藥對身體健康有益嗎？

一旦感到精力衰退，人們爲了維持精力，强健性活力，就想靠壯陽劑。但是有很多人曾服用過不少壯陽藥劑，結果收效甚微。他們對此大惑不解：爲什麼壯陽藥劑不能壯陽？

事實上壯陽藥劑無法達到維持精力、强健性活力之目的，其效果多半是個人的心理作用。我們不妨看看精力衰退的原因。一是荷爾蒙不足，二是荷爾蒙雖正常，但潛在其他問題（如心理、社會的原因等）。而壯陽藥劑的功用只是在補充荷爾蒙，故唯有在荷爾蒙不足的前提下才有效。因此，我們必須借助科學檢測，即檢驗血液中的睪丸素酮的含量，假如低於正常值（4.2～12mg/ml），則用男性荷爾蒙療法來改善精力、强健性活力，此法極有效。但在另外的情況下，則可能完全無效，倘若過多或過長時間使用壯陽藥劑，不僅於事無補，還會干擾自身正常荷爾蒙的分泌和新陳代謝過程，對身體有害。

更要注意的一點，喜歡常吃壯陽藥劑的朋友，到有一天真的需要時，也許它就幫不上忙了。

(廿三)、女子在青春期「束胸」對健美有益嗎？

女子進入青春期，隨著卵巢的發育和激素的產生，乳房開始飽滿隆起，乳頭長大，這是正常的生理現象。但有些女青年卻感到害羞，於是把胸部束得緊緊的，這樣做，既失去了女性的形體美，又妨礙胸部的正常呼吸運動，減小肺活量，影響胸廓和乳房的正常發育。

由於胸廓裏得太緊，乳頭被壓迫在乳房內，不僅乳頭凹陷，而且會使乳腺彎曲，將來影響嬰兒吸吮，乳汁也排出不暢。因此女青年不僅不要束胸，平時還要積極加强胸部的鍛鍊。加强胸部的健美鍛鍊，有利於胸廓的正常發育，可增大肺活量，並且使乳房得到良好的發育，有益於今後乳汁的分泌和減少乳腺疾病的發生，有利於人體健康及塑造健美的體形，使你更性感更有魅力！

卌、哺乳有損乳房健美嗎？

女子胸部豐滿與否同飲食有密切關係。發育成熟的乳房，脂肪居多數，腺體僅佔三分之一，所以脂肪的多或少，決定乳房是否豐滿和有無彈性。

婦女妊娠期間乳房會逐漸增大，不過脂肪組織的體積並未增大，相反還有所減小，這就爲乳房復原創造了條件。因此，妊娠末期至哺乳期乳房增大不十分顯著者，停止哺乳後乳房依然恢復原來美的形狀。有人認爲乳房是孩子的糧倉，在懷孕、哺乳期間吃得好，乳房大而乳汁多。營養好固然對母子有利，但脂肪和糖類糕點食品吃得過多卻容易發胖，乳房部位的脂肪堆積過多，導致使乳房下垂，體態臃腫。其實，乳汁分泌的多少不在於乳房的肥大和瘦小，而是決定於乳腺腺泡的發育程度。

一些乳房瘦小的婦女，借助哺乳的機會，可促進乳腺的完全發育，使乳房豐滿，增添了體形美。產後哺乳，既給孩子增加了抗體這最好的營養，又是保持乳房健美的很好方法。因爲，哺乳可促進乳腺的完全發育，使乳房豐滿起來，爲形體美增姿添彩。需要注意的是，產後不要突然停止餵奶，否則，乳腺內壓升高乳汁分泌受抑，腺體就會萎縮，哺乳對產婦有好處，能消除乳房的脹、硬、疼痛，促進子宮收縮，有利於體形的恢復。

有的女性哺乳後的確出現乳房下垂現象，不過，這些與哺乳無關，而與支撐、固定乳房的懸韌帶是否有韌性，兩側胸肌是否强健有力有直接關係。

實際上，一些哺乳了幾個孩子的婦女其乳房也無下垂現象，到五、六十歲乳房仍顯得豐滿、挺拔，體態優美勻稱。爲了保持乳房豐滿挺拔，體態勻稱健美，女子應堅持健身操、器械操、游泳等健美運動，使支撐乳房的胸部肌群發達壯實，這樣才能延緩乳房萎癟，防止乳房下垂。同時要注意佩帶柔軟合適的胸罩，以起緩衝防震、保護乳房的作用，還可提托乳房，增加曲線美。

此外，哺乳也應適可而止。一般來講，九個月以後乳汁的分泌量日漸減少，乳腺也自行復原，此時斷奶有利於恢復乳房的自然健美。

㈢、產後如何恢復體型健美？

「產後發福」是婦女在分娩後常見的現象。由於懷孕期胎兒的增大，腰腹圍隨著變大變粗，加上分娩期間會引起下丘腦的功能紊亂，從而導致脂肪代謝的平衡失調，因而發生生育後的肥胖。生育後，婦女一般都要營養進補以早日恢復分娩後的體虛，再加上產婦多數是臥床休息，很少顧及適量運動，因而造成身體過度營養而脂肪堆積。

那麼產後的婦女應如何保養，使自己的身體恢復苗條呢？要想體態窈窕，首先要注意修飾打扮，樹立保持身材健美的決心，如果生了寶寶，把所有精力都放在寶寶身上，忽略了本身儀容的修飾，對自己要求不高，身材就會在不知不覺中走樣了。

須知一個注重儀容健美的人，往往是熱愛生活積極向上的人；其次，產後營養確實很重要，但在產後進補調養身體的同時，也要防止皮下脂肪的積聚，方法可以用收緊膏在腰腹部作來回或旋轉式按摩，因爲多數產婦分娩後腹部呈鬆弛狀態，用收緊膏做按摩可以使皮膚快速恢復彈性，也可在飯後緩步行走，不要整天躺在床上，如果體質好的話，也可早日作仰臥起坐和舉腿等健美操運動。

產後哺乳對寶寶身體能增加抵抗力，亦可有效地防止產婦肥胖，重現青春健美的風采，一舉兩得，何樂而不爲。因此，應提倡產婦哺乳。

㈥、為什麼減少妊娠能防胖健美？

據世界衛生組織的一項調查資料表明，全世界的肥胖者中，近三分之二是女性。這些女性肥胖者中的絕大多數，是在生育後才體態臃腫起來的。專家們研究了上述現象，認爲人受孕後，體內性激素功能及新陳代謝發生了很大的變異，而這些性激素卻具有合成脂肪（即蓄脂）的功能，由此產生的胃機能亢進、食慾增加和營養物質的過量補充，以及勞動量減少等，也是使人發生肥胖的重要原因。

因此，專家們提出，減少妊娠是防止身體發胖的一項重要措施。在我國，由於計劃生育工作的深入開展，絕大多數育齡婦女都響應政府號召，自覺地只生育一個孩子，並採取有效的避孕措施，這無疑對她們保持亭亭玉立的健美體態是大有裨益的。爲了使你的體態更健美，請在避孕措施上持之以恒。

㈦、如何預防孕婦過胖？

女子懷孕後，除了孕吐時期外，大多數時期的進食量是增加的。爲了保證孕婦的健康和胎兒的正常發育，就要在飲食的質量和數量上有一定的要求，但又不能盲目地增加營養，以防由於熱能過份積聚而形成肥胖。尤其是在妊娠後期，進食量顯著增加，而活動量減少，如不注意飲食，更易造成肥胖，據營養專家估計，孕婦在整個妊娠期間攝取的額外能量達八千卡左右。當這些額外熱量無法消耗時，便以脂肪形式貯存在體內，造成孕期肥胖。那麼，怎樣才能避免孕婦發生肥胖呢？

1.限制脂肪的攝入，尤其是在產前兩、三個月更應注意。因爲脂肪熱量高，比蛋白質、碳水化合物高一倍以上。在孕期和產後要少吃肥肉、油炸食品、奶油等。

2.限制含糖食品的攝入，糖攝入過多，人體無法全部利用消耗時，也會轉化爲脂肪貯在人體內。孕婦在妊娠末期要適當控制甜食、點心。

3.增加蛋白質食物。孕婦可適量增加瘦肉、魚類、豆及豆製品，以防營養不足。

4.多吃些蔬菜和水果。因爲蔬菜和水果可供給人體所必需的無機鹽和維生素，同時還能增加飽腹感，而且很少增加熱量。

一般情況下，孕婦體重在懷孕的前三個月增加一・一～一・五千克，以後每週以三五〇～四〇〇克遞增，到足月妊娠時平均增加十二～十二・五千克。如果在孕期發現已超過某一時期的標準，就要按照上述原則適當控制飲食。當然，如果孕婦增重不足，則應適當增加營養，以確保孕婦和胎兒健康。

㈥、如何預防產後肥胖？

有些身體苗條的婦女，經過妊娠、分娩當了媽媽之後，身體逐漸肥胖起來，失去了昔日的風韻。究其原因，主要是妊娠引起下丘腦功能紊亂，特別是脂肪代謝失去平衡的緣故，醫學上稱爲生育性肥胖。

要預防生育性肥胖，保持窈窕的體態，產後應該注意下述幾方面：

1.**合理膳食**：爲了哺乳需要，產後應適當增加營養，但不要偏食雞、鴨、魚、肉、蛋，不要以爲多吃動物性食品才是增加營養，而應葷素搭配，瘦肉、豆製品、魚、蛋、牛奶及新鮮蔬菜、水果等都要吃，少吃動物油、肥肉、蛋黃、動物內臟、甜食。這樣既能滿足身體對蛋白質、礦物質、維生素的需要，又可以預防發胖。

2.**早期活動**：產後身體健康，無會陰破裂，24小時後即可下床活動，一週後可做點輕微的家務事，因爲活動可以增强神經內分泌系統功能，促進新陳代謝的調節，還可以促進脂肪分解消耗糖份，使體內多餘熱量得以消耗，不致使多餘的營養物質轉化爲脂肪在體內堆積。

3.**親自哺乳**：哺乳可以加速乳汁分泌，促進母體的新陳代謝和營養循環，還可以將身體組織中多餘的成份運送出來，減少脂肪在體內堆積。

4.**做產後健美康復操**：分娩一週後，可以在床上做仰臥位的腹肌運動和俯臥位的腰背肌運動，如雙直腿上舉運動、仰臥起坐等的動作，這對預防和減少腹部、腰部、臀部脂肪有明顯的效果。

(十九)、為什麼節食不當會閉經？

有些身體肥胖的女性，爲使自己盡快苗條起來，就採取了大強度的節食減肥法。結果，在較短的時間內體重是降下來了，但月經卻不告而別，有些年輕姑娘由於缺乏生理衛生知識，對此不以爲然，甚至錯誤地認爲不來月經倒省去不少麻煩，還有些少女不好意思說出來。其實，這樣的節食減肥對身體是十分有害的。

據有關專家調查、分析：在一年之內，體重減少五千克以上或體重減輕十%以上的女性，一向規律的月經周期，往往會突然發生變化而閉經。專家們認爲，這是一種精神——神經系統功能障礙。病人的主要表現是厭食、極度消瘦，體重下降可超過原體重的二十%，同時有閉經、神經過敏、抑鬱、焦慮不安等症狀，並可伴發癔病、早發性痴呆或強迫性精神病等。閉經時間過長，由於內分泌調節失常，生殖器官便會發生萎縮，嚴重的將影響生育功能，這種病多發生於三十歲以下的年輕女子。

人體生理學告訴我們，人的大腦內有下丘腦，其中存在著攝食中樞和飽食中樞。當人發生厭食或主觀上强制性地要求減食時，大腦皮層就會發出强行抑制。長此以往，下丘腦的兩個食慾中樞便會發生功能紊亂，引起體重減輕，進一步就會影響下丘腦的黃體生成素釋放激素的分泌中樞，使之分泌減少，進而使腦垂體分泌的促黃體生成素和促卵泡素也減少，因而發生閉經。

不過，這種閉經患者的大多數可以通過消除誘因、恢復體重或使用促排卵藥物治療而得以康復。倘若閉經時間過長，治癒的機會就越少。

㈩、為什麼運動過度易停經？

運動量過大是會出現暫時性閉經的。這主要有以下幾點原因：一是運動量過大引起體脂消耗過多。體脂太少會導致雌激素的原料——固醇類物質貯存不足；二是大運動量會使血液中內腓肽和兒茶酚胺等化學物質增加；三是大運動量會使體脂減少，而體脂是貯存能量的最好方式，體脂太少就缺乏能量貯備，造成腦垂體分泌的促性腺激素減少。這些因素的共同作用，就可能導致月經停止。

怎樣才能防止發生運動性停經呢？假如你在減肥鍛鍊中想保持大運動量，那麼妳可以試著增加點飯量，先放開肚子吃，不要再節食，每週量體重，如果體重沒有增加，就可以這樣保持下去。如果體重增加，可適當減少一些主食。假如你不想加食量，那也可以在減肥鍛鍊中減去些運動量。也要每週測量一次體重，如果體重有上升的情形，就適當加大些運動量。反之，就減少點運動量。頭一個方案是從飲食上調整，後一方案是從運動量上調整，不論採取哪一個方案，都可以使你保持標準的體重。不過，不論採用哪種方案，都要注意補充些維生素、礦物質，增加蛋白質和膽固醇的攝取量。

總之，當改變了鍛鍊計劃和調整了運動量之後，過一段時間月經又會來潮。如果月經仍不正常，應找婦科醫生診治。

卅、為什麼多次人工流產會使體型發胖？

據前蘇聯、法國和意大利的醫學專家的調查資料表示，有三十～四十%的有人工流產史的婦女體型發胖；波蘭的醫學專家的調查結果更令人震驚：第一次人工流產會使婦女的體重增加五～七千克，第二次人工流產會使她們的體重增加八～九千克，第三次人工流產則遞增十～十一千克。

還有人研究過，被中國人稱作「作小月」的人工流產後，內分泌系統的改變程度，並不異於正常分娩，這種改變使胃腸機能亢進。同時，人工流產後人們都習慣吃大量補品，這樣大量的脂肪、高蛋白等營養物質增加，而運動量又相對減少。在進食多、能量消耗少的情況下，體內脂肪不斷堆積，這就導致人工流產後婦女發胖。因而有關專家指出，減少人工流產是防止婦女體型發胖的又一措施。

(廿三)、肥胖者對性生活沒「性」趣嗎？

首先要看肥胖的程度。對於嚴重肥胖的人來講，不論男性還是女性，性的活動肯定受到一定的影響。但這僅僅是從醫學的角度來說的，現實生活也許是另一回事。因爲性愛活動本身除了受到性腺活動的主宰以外，還受到中樞神經系統的控制。也就是說，某些精神因素直接影響了性腺或性愛的活動。

但除去個別情況以外，嚴重肥胖者的性腺、性功能減弱、生育能力下降是肯定的，因而會對性愛生活失去「性」趣。然而對於中度肥胖者及輕度肥胖者來說，性的活動、性的要求一般沒有改變，性腺激素分泌完全正常。

這裡還要說說更年期後婦女肥胖的問題。這些婦女更年期後隨著雌激素水平的降低，性要求自然會減少，這是受到性腺活動的控制的，並非單純肥胖所致。

至於青年男性，有的屬於肥胖及生殖器發育不良，還要注意同某些先天性或染色體疾病，如肥胖性生殖無能症相區別，其不屬於單純性肥胖症，是一種病理性的肥胖病，只是在診斷上符合肥胖的體重及脂肪厚度標準而已。

㉓、肥胖或減肥會影響性愛生活嗎？

性行爲本身不會由於身體超重而受妨礙，除非指肪層抑制了生殖器官或帶來某些困難。身體超重也會抑制性衝動，倒是伴隨著超重引起的過度疲勞和困倦（胖人一般愛睡覺）往往使得一個人對性生活缺乏興趣，導致性功能低下。如果夫婦雙方都是肥胖病人，行動上和生理上的不便也會給性交帶來困難，從而影響性慾。

與此相反，當體重大量減輕時，一個人的精力旺盛和愉快感也就隨之增強，隨著性慾的增長，性要求趨於強烈，性行爲趨於頻繁。這正是健身運動減肥所引起的作用。

㉔、女性肥胖者生育能力低下嗎？

女性肥胖者除上述所談到的性的要求可以有所降低外，生育能力是不是也降低呢？這要由肥胖對性腺活動影響程度來定的，絕大部份情況下，肥胖對生育無影響。也就是說還達不到影響排卵的程度，如果不影響排卵，就有妊娠的可能，就談不到喪失生育能力，但是由於性的活動有所下降，必然使妊娠的機率下降，也就使生育能力受到一定影響。當然，由於嚴重肥胖造成性激素分泌紊亂，形成閉經的女性，自然就完全喪失了生育能力。但也不能否認在經過治療、月經恢復正常後，生育的機會仍然可能存在。

實際上，脂肪過多不論男女均有明顯的性功能下降，因爲性激素是通過血液輸送到各器官去的。而性激素過多的沉積在脂肪組織內，就引起了性腺機能降低。所以女性肥胖者會發生月經過少、閉經、不孕、生育能力自然下降的情況，而且在分娩時也易發生子宮異常出血的情況。

㈦、性行為較其它活動消耗熱量多嗎？

據性醫學資料統計，一次性行爲所消耗的熱量，相當於健美操競賽所消耗的熱量（十五萬～二十萬卡），更巧的是性交期每分鐘脈搏數可達一〇〇～一七五次。如此看來性行爲可以說是一種運動，而且是激烈的運動。實際上性行爲能使心血管機能發生顯著變化，它不僅能滿足性慾，亦可强健心血管系統和性肌肉組織，另外再從消耗熱量來說，對減少熱量也是大有幫助的。但是，對一個想減肥的肥胖病人來說，不能指望利用性行爲來減肥。因爲性行爲只是一種生理行爲，絕不能當作醫療手段。所以說性行爲較其它一些活動消耗熱量多是有道理的。

㈧、為什麼說性愛是老年夫妻精神健康的需要？

對於性愛問題，很多老年人避而不談，認爲是一個難以啓齒，甚至傷風敗俗的問題。

其實無論是從社會學、心理學，還是從醫學角度來看，老年人都有必要了解性愛問題。

衆所周知，人類的睪丸生精過程從四十歲左右即顯示輕度退化，主要改變爲生精上皮細胞變薄生精細胞減少，曲細精管的基底膜增厚，間質細胞數量減少，精液中精子活力降低，死精子增多，睪丸體積逐漸變小。然而這些變化是極爲緩慢的，在以後的漫長歲月中，男性仍保持旺盛的生育能力和較强的性功能。據報導，七十歲以後得子的事例並不鮮見，有的老年男性甚至在百歲後仍可使妻子受孕。當然妻子須有生育能力。

有資料顯示，隨著老年人壽命的延長和健康素質的提高，多數老年人仍然有性的要求，男性老年人睪丸酮水平下降多不顯著。值得注意的是，老年人性生活的內容絕不僅僅限於狹義的性生活，而心理上性興趣的內容則更爲廣泛。綜合有關方面的資料，七十歲以上的老年人仍有七十％可以過性生活，而老年人的皮膚接觸慾則始終不衰，甚至有增强的趨勢，故可以成爲性生活的補充。老年人精神上的性興趣是非常廣泛的，諸如老年夫妻經常在一起聊天，共同回憶青年時代的浪漫生活，以及相互擁抱、愛撫等等，都可使老年人精神上的愛慾得到一定的滿足。

事實證明，老年人精神上的愛慾經久不衰，是健康長壽的因素之一。

性行爲對於老年人來說，是一種較大的精神與體力活動，如果做一般體力勞動或運動後，每分鐘心率達到一三〇次而無不適時，對性生活可以不作限制；冠心病患者走上三層樓而無任何不適時，亦可適量安排性生活；心率每分鐘達一一〇～一一五次即會引起心絞痛或其它異常者要控制性生活；急性心肌梗塞後四個月内禁止性生活。此外，在性生活中感到心慌、氣短、咳嗽、胸悶、呼吸困難時要中止性生活，並及時請醫生診治。

總之，正確認識老年人的生殖功能和性機能的變化，對改變世俗偏見，解除老年夫婦在精神上不必要的顧慮，增添晚年生活樂趣，以及正確對待老年人再婚等問題，都有一定的實際意義和益處，每位老年人都應該正視「性愛」這一生活問題而無需回避。

㈦、為什麼說老年人適度的性生活有益於健康長壽？

老年人的性功能雖然隨著年齡的增長而逐漸減退，但由於以往生活的經驗，心理活動的影響，神經條件反射的建立，即使性激素分泌衰減，仍會保持對性生活的需要。所以說男子到了老年，雖然雄激素的分泌逐漸減少，但精子的產生仍没有停止，甚至七八十歲的老人能發生性衝動，有利於老年人的身心健康。中醫認爲，善於節制性生活，可使腎精經常盈滿，以化血生髓，充骨養腦。如房事不節，過於頻繁，就要耗傷腎精，以致命門大衰，甚至發生老年陽痿。

研究認爲，老年男子的性生活最適當的頻率系數是：六十～六十四歲，平均每週〇·七次；六十五～七十四歲，平均每週〇·四次；七十五～七十九歲，平均每週〇·三次。

前蘇聯醫生對數千人進行研究後得出結論：正常適度的性生活是老年人健康長壽的基礎。

卅、爲什麼盲目減肥會妨礙性成熟？

有的女性認爲「楊柳細腰」才是美的象徵，爲達此目的過度節食、過度運動，導致一些不良後果，甚至嚴重影響身體健康。

美國科學家最近發現，脂肪是性成熟的重要條件，是月經和生育的重要物質來源。女性從出生後，就帶有控制性別的遺傳基因。這種基因只有在女性體內脂肪達到一定含量時，才能把遺傳密碼傳遞給腦垂體，產生性激素，促使卵巢排卵和月經來潮。

他們還發現，女性體內脂肪至少達到十七％時，才能促進性成熟，體內脂肪超過二三％，才具有懷孕和哺乳能力。他們對九十多名從事嚴格訓練的青年運動員和舞蹈演員的調查發現，其中二十名還沒有月經初潮，已有月經初潮的人中，約有半數月經不正常。這主要是由於運動量大，體內脂肪消耗過多所致。

事實說明，女性體內保持必要的脂肪，是符合優生原則的。婦女十月懷胎至哺乳這段時間內，主要靠體內儲存的脂肪提供熱量。如果過分消瘦，很有可能影響分泌和哺乳。由此可見，體內保持適量並非多餘的脂肪，是有益於身體健康的，盲目減肥去脂，會造成嚴重惡果。

卅、為什麼說性高潮有助於女性健美？

由於受傳統文化的心理束縛和影響，我國人民大都羞於談性。其實，性高潮與女性健美及子女智商有著密切的關係。

美國性科學家經過研究發現，女性達到性高潮時，腦內的內啡肽大量釋放，不僅能給人以飄飄欲醉的欣快感，而具有嗎啡樣的止痛作用，使生理處於激動振奮的狀態。

乳房增大，有助於乳房的豐滿和堅挺。呼吸頻率快而深，有助於吸入較多的氧氣，促進組織的更新。血液循環加快、性激素分泌增加，能使皮膚細膩潤滑，指甲發亮且有彈性，頭髮濃黑光亮，有助於促進女性特徵的完善，保持身體健美。並且可以防止月經不調、陰道炎、子宮頸炎等婦科病的發生，延緩女性生殖器官的萎縮進程，延遲身體衰老，還可以增進夫妻間的感情。

但性科學家也提醒人們，過度的淫亂性生活則會嚴重損害健康。

同時研究還發現，女性達到高潮時，血液中的氨基酸和糖份能夠滲入陰道，使陰道中的精子存活延長，運動能力活躍。同時小陰唇充血膨脹，陰道口變緊，陰道深部皺褶伸展變寬，便於儲存精液。平時堅硬閉鎖的子宮頸口也鬆弛張開，使精子容易進入，便於精子激烈競爭，使優秀的、帶有高質量遺傳基因的精子能與卵子結合，生育出智商高的子女。

㈣、正常的性生活有助於女性健康嗎？

國外科學家在一項生物實驗中發現，男子的精液裡含有一種可與青黴素相媲美的抗菌物質——精液泡漿素。它是一種具有獨特功能的蛋白質。一旦進入細菌細胞內，就能阻止細菌核糖核酸的合成。而核糖核酸是構成蛋白質必不可少的生化物質，它的合成受阻使細菌無法有規律地排出陰道，通過子宮頸逐漸流至子宮輸卵管部位，能起到預防和減少陰道炎、子宮內膜炎、輸卵管炎等多種婦科病的發生。

因此，已婚婦女有正常的性生活，有助於身心的健康與健美。

㈡、為什麼婦女分娩後一段時間性慾較低？

一般來說，婦女分娩以後，普遍有一段時間性慾較低，但到分娩後的第三個月，以母乳餵養孩子的母親對性生活的興趣會逐漸增加，而以人工餵養孩子的母親則感到沒有要求性生活的慾望。主要原因有以下幾點：

1.分娩後，初做母親，很多事都感到生疏，如哺乳、給新生兒洗澡等，分散了她的精力，占去了一些時間。另外，隨著孩子的降生，帶來了一系列的事情，初做母親感到很不適應，整天忙忙碌碌，晚上已疲勞不堪了，只想早些休息，這時再性交，她是不會有興緻的。

2.分娩後二十四小時，大出血才會停止；然後是排泄惡露，約要二～四週左右，在產後六～八週內要禁止性交，以免造成感染。

3.若分娩時做了會陰側切術，這本身對性慾並無影響，但由於傷口癒合較慢，或癒合時有過多的肉芽組織產生，性交時會感到疼痛，從而降低了性慾。

4.分娩後性交，以母乳餵養孩子的母親，由於興奮，常常會出現乳房漏乳的問題，而影響性慾。爲解決此問題，母親可以在性交前給孩子哺乳，或在熱水浴後擠出一些乳汁。

5.產後，由於盆底肌衰弱，盆底肌肉和筋膜會有血漿浸潤，並有血滲出，肌纖維常有斷裂，這也是造成性慾低落的一個因素。因此，作爲丈夫，在妻子分娩之後要多多關心和體諒妻子，而妻子也不要將全部感情都轉移到孩子身上，使丈夫受到冷落，以至影響夫妻的感情。

㈢、女子子宮切除會影響性功能嗎？

子宮切除術是一種常見的婦科手術。需做子宮切除的疾病有子宮肌瘤、嚴重的子宮出血、子宮惡性腫瘤、卵巢惡性腫瘤等。子宮切除術，根據手術途徑的不同，可經過腹部或通過陰道切除、子宮全切同時切除一個側輸卵管和卵巢。對於良性腫瘤，手術時保留陰道全長；對於子宮惡性腫瘤，如病變未浸潤陰道，一般切除近子宮端二公分。子宮切除後將陰道頂端的前後壁縫合起來。

那麼切除了子宮就不再是女人了嗎？並不是這樣。因爲決定性徵性別的關鍵在於性腺——即卵巢功能正常。卵巢分泌性激素維持著女性的性徵。保留卵巢的子宮切除手術，不影響卵巢的正常功能，當然也不會影響性特徵了。切除一側卵巢，另側卵巢功能可發生代償，也不影響性徵。因此切除了子宮不會影響夫妻性愛生活。

子宮切除術後多長時間可以恢復性生活是人們所關心的。從手術本身講，陰道頂端切口一經癒合，即可恢復身體，所以手術後三個月內性慾往往有所下降，一般三個月後根據婦女的心理活動和身體恢復情況，經醫生複診同意後即可恢復性生活。

㈣、女子乳房切除會影響性功能嗎？

一般來說，乳房切除後沒有任何特殊的併發症，病人出院後一般即可恢復性生活。然而，有許多因素能影響患者的心理狀態，使其對恢復性活動抱不同態度。研究資料表示，約有一半的婦女在出院女一個月内恢復了性交，而有三分之一的婦女在出院後六個月仍沒有恢復性交。手術前經常主動要求性交的婦女，在術後一般沒有這種慾望。這組病人中有一半以上的婦女，是被動等待她們丈夫的性要求。

產生這種情況原因：一般認爲乳房是女性的特徵，有吸引異性的魅力，又是誘導性興奮的器官。乳房不僅可以使婦女獲得性的刺激，也可以喚起男性的性慾。而手術後的婦女，用刺激乳房的方法來引起興奮的方式明顯減少，一方面丈夫可能不願意接觸殘餘的乳房，另一方面手術後的婦女不願意接受乳房刺激。有人對此進行了調查，發現大部份男子對其妻子的乳房切除術能較好地適應，有少部份人則很難適應，這種情況可以建議病人作乳房整形術，再造人工乳房或許能起一定作用。

總之，乳房切除會暫時削弱女子的性功能。

四、哪些病容易與性病相混淆？

1. **過敏性疾病**：服用藥物後過敏，可引起龜頭包皮發生固定性藥疹；藥物或食物過敏還可引起包皮嚴重水腫，醫學上稱血管神經性水腫；接觸外用藥、避孕工具或尿布等引發的接觸性皮炎，如局部發生紅斑、丘疹、水疱、潰爛或潰瘍；個別婦女對精液過敏可發生陰道奇癢或外陰部蕁麻疹丘疹。

2. **外傷性疾病**：性交過程中可發生擦傷和血腫；性交後因淋巴管暫時阻塞可引起陰莖背或冠狀溝出現軟骨様硬索，幾週內可自行消失，此症爲陰莖硬化性淋巴管炎；長時間的性交會引起生殖器水腫；包皮翻轉後不能復位，可引起包皮及陰莖末端嚴重水腫，稱爲嵌頓包莖；昆蟲的叮咬也可以引起生殖器部位的紅腫和水疱。

3.**非性病性感染**：生殖器下段的腐物寄生粗大桿菌時，可引起急性女陰潰瘍；性交二～三天後，由於包皮垢桿菌或奮森壓螺旋轉體或梭形桿菌感染，也可引起潰爛性包皮龜頭炎；壞疽性龜頭炎雖然常常為軟下疳或硬下疳的併發症，但同時也是其它化膿感染的併發症。此外，還有結核初瘡、阿米巴性龜頭炎、絲蟲病和皮膚利什曼病等。

4.**癌前期疾病和惡性腫瘤**：生殖器部位發生的白斑、肥厚紅斑，尤其是表現角化粗糙、脫屑、疣狀增殖和頑固性潰瘍者，可能是癌前期疾病或惡性腫瘤。

5.**良性腫瘤或贅生物**：生殖器部位還常見到一些發展緩慢、持久存在的丘疹或小結節，顏色有黑、黃、紅或皮膚色。其病灶可能是珍珠狀陰莖丘疹病、粟丘疹、黑色素痣、表皮痣、淺脂肪瘤樣痣、皮膚子宮內膜異位、前庭大腺囊腫、皮脂腺囊腫、多發性脂囊瘤、脂肪瘤、生乳頭汗腺瘤、血管瘤、平滑肌瘤、纖維瘤或皮膚淋巴細胞瘤。

6.**其它疾病**：還有一些原因複雜或至今病因不明的疾病，同樣也能導致生殖器部位或全身性病損，如陰莖海綿體硬結症、漿細胞龜頭炎、閉塞性乾燥性龜頭炎、雲母狀和牛角化性假上皮瘤性龜頭炎、女陰萎縮、陰莖乾枯、硬化性萎縮性苔癬、肩平苔癬、光澤苔癬、濕疹、脂溢性皮炎、神經性皮炎、銀屑病、天疱瘡等。此外，性傳播疾病，特別是梅毒引起的全身皮膚損害容易與一般皮膚病相混淆，也要注意區別。

總之，生殖器部位發生的許多皮膚損害，很大一部份並不屬於性病，兩者要嚴格區別，絕不可混淆。

(四五)、哪些生活因素影響性慾？

人的性慾被機體性激素所左右，但有些生活中的因素也可影響性慾。

1. **性觀念對性慾的影響**：在性愛活動中，男性要以特有的愛撫方式「喚醒」女性的性情趣，女性要以溫情和魅力吸引的方式對性愛作出應答，夫妻彼此都應是主要的性角色。如果女性只作爲一個溫順的妻子，羞於表達自己的性要求，這就不易共同享受性的情趣與歡樂。如果男性只視女性爲洩慾工具，不尊重妻子的感情和精神上的需要，必然使女性從心理上產生反感，暫時可以遷就，但時間一長就會導致妻子性心理挫傷。

2. **情緒對性慾的影響**：人的情緒對性機能的影響至深，經研究發現，人的情緒好時體內分泌出一種有益的激素酸和乙酰膽碱，這種物質可以把血液的流量，神經細胞的興奮性調節到最佳狀態，有益於性慾的產生。相反的，就會使這些有益激素的分泌減少，抑制性激素的分泌，以致性慾低下。所以要調整心理狀態，保持樂觀情緒，以獲得令人滿意的性生活。

3. **飲酒對性慾的影響**：小量淺酌可以撫慰身心，對人體是有益的。但大量飲酒會致使全身血管擴張，陰莖的血管反而血液流量不足，造成勃起困難。勉强勃起，也會快速射精，不僅快感時間短，而且再次勃起的機會大爲減少。長期酗酒通過神經血管反應，影響到性中樞，容易引起性的機能減退，致使性生活不正常，從而產生真正的中樞性陽痿，享受不到性的快樂。女性酗酒則易出現性生活紊亂，陰道分泌減少，勉强從事可致疼痛，因而缺乏快感，也不易出現性高潮。

4. **吸煙對性慾的影響**：吸煙是引起動脈硬化常見危險因素之一，而動脈硬化使血管輸送血液量大大減少。法國巴黎的歐洲陽痿研究中心對平均年齡四十六～四十八歲的四四〇名陽痿病人進行調查，其中有六四%的病人是由於吸煙引起血液輸送情況不良，致使陰莖血壓指數下降。另外，男性吸煙對精子生存也有損害。

5. **茶、咖啡等飲料對性慾的影響**：茶、咖啡中含有咖啡鹼、茶鹼等，對中樞神經系統有明顯的興奮作用，能消除疲勞、振奮精神，提高人體對外界事物的感受能力，對性刺激感受力的提高當然也不例外，可以增加機體對性刺激，包括視、嗅、感、聽等多方面的感受和反應能力，此時不僅是茶、咖啡興奮了中樞神經系統，它還加强了心臟的活動，性興奮可能是綜合作用的結果。

6. **飲食對性慾的影響**：中國醫學認爲肥膩食物易傷脾胃，脾胃受損，精就不足，很難保證性活動的體力。另外，過食肥膩之食，可產生濕熱、流往下焦，引起遺精、早洩和陽痿。但是，性激素由體內膽固醇轉化而來，長期大量食用高纖維的素食，可使性激素分泌減少，引起性功能減退。因此，應該勿偏擇食、合理飲食。另外，許多食物能增強性功能，如中醫認爲辛味食物能開竅提神，理氣健胃，有亢奮作用；如韮、蒜、蔥、椒、薤。

7.**疾病對性慾的影響**：營養不良，極度貧血，過分勞累，長期臥床，體弱多病，慢性消耗，維生素缺乏，微量元素缺乏都會影響性慾。尤其是內分泌疾病，如垂體、腎上腺和甲狀腺的疾患，激素分泌減少，可使性慾減退或消失，長期慢性消耗疾病，如糖尿病、結核病等，都會出現性慾缺乏。此外，患心、肝、脾、腎疾病也能抑制性行爲。

8.**藥物對性慾的影響**：有些經常服用的藥物能抑制性功能。如治療高血壓的利血平、蘿芙木；治療心臟病的心得安、心得靜；治療精神病的氯丙嗪；治療胃病的普魯苯辛等，這些藥物對性機能都有不利的影響，長期服用使人對性生活淡漠，性反應遲鈍，停止用藥後，性功能會逐漸恢復正常。

㈣、性愛生活有哪十忌？

和諧適度的性愛生活，不但是人的生理正常需要，而且對促進男女雙方的身心健康和體型健美，增進夫妻的感情和維持幸福美滿的家庭有重要作用。反之，缺乏必要的性生活常識和衛生常識，憑一時性衝動粗魯行事，結果給身體健康帶來不應有的損害，加速了衰老的速度。所以，下面的十種情況是夫妻進行性愛生活的禁忌：

1.**忌情緒不好進行性生活**：正所謂「不要強人所難」。夫妻間的性生活應該在雙方高興、精神愉快並有強烈的性慾要求的情況下進行，絕不宜只一方有性的慾望和性衝動，而在另一方心情憂鬱的情況下勉強進行性交。甚至有的男子不顧女方的反對，採取強制手段粗魯行事來達到洩慾的目的，這不僅損傷對方感情，而且容易導致女方性冷淡或男子性功能減退或陽痿。

2.**忌雙方或一方過度疲勞時進行性生活**：如在長時間勞動身體或連續熬夜、精神萎靡，或長途旅行之後身體疲倦等，都不要勉強過性生活。有些男子在身體十分疲勞的情況下勉強過性生活，導致心力衰竭或慢性病急性發作而死亡的例子不少。

3.**忌浴後馬上進行性生活**：特別是洗熱水澡時，全身血液循環加快，皮膚血管充份擴張，若浴後立即進行性生活，性器官會急劇充血而加重全身血液循環的負擔，使血液循環平衡失調，使局部血液供血不足或缺血而造成嚴重後果。因此，浴後應休息一段時間再過性生活。

4.**忌醉酒後進行性生活**：醉酒後不宜性交是古人很早就總結出來的寶貴經驗。《內經》認爲：「以酒爲漿，以妄爲常，醉以入房，以慾竭其精，以耗散其真……故半百而衰也。」這充分揭示了醉後性交的危害，現代醫學認爲酒中的主要成份是酒精，酒精能抑制生殖細胞的活力，被酒精損害的精子與卵子結合以後，會使染色體數目發生不利的變化，使胎兒發育遲緩，先天智力低下，甚至出生後患痴呆症。西方國家的男性星期日常酗酒，所以西方人把這種因爲醉酒受孕而產生的低能兒稱爲「星期日嬰兒」。因此，未來的父母們千萬不要因貪戀「杯中物」遺害下一代。

5.**忌飽食或飢餓時進行性生活**：飽食後爲了消化，血液集中流向腸胃，大腦和其他器官則相對供血不足。飢餓時，人們的體力下降，精力不充沛。因此，飽食或飢餓時性交往往達不到性滿足。即使勉强獲得性的滿足，也不利於身體的健康。

6.**忌清晨將起床之前進行性生活**：假日在家休息倒還不要緊，如果性交後立即要參加學習、工作、勞動或運動、比賽，不但效率降低，而且有損身體。性高潮之後必然是極度疲倦，需要休息一段時間。如果在十分疲倦的情況下，勉强學習或勞動，勢必使身體各器官超過負荷而受到損害。

7.**忌女方月經來潮不淨時進行性生活**：這是因爲女方行經期間子宮內膜破損出血，子宮頸比平時相應要開得大些，加上陰道酸度被經血中和後，防止細菌感染的能力降低，若在這個期間性交，不但會加重陰道出血，造成流血過多、延長經期時間，而且還會經過性交使細菌從陰道進入子宮裡生長繁殖，造成感染，從而發生子宮頸炎、陰道炎等症，造成女方的痛苦，損害妻子的健康。

8.**忌妊娠前期和後期進行性生活**：妊娠早期即頭三個月要避免性交，因爲性刺激會引起子宮收縮，容易引起流產，尤其是有習慣性流產的婦女，更應該絶對禁止過性生活：分娩前的二～三個月内，也不宜性交，特別是分娩前的三十天内，應該絶對禁止性交，因爲性交會將細菌帶進婦女盆腔内造成生殖器感染或產後發生褥感染，其餘時間也應有所節制。在女方妊娠期進行性交時要非常小心，避免女方腹部受壓，動作盡量輕柔。有流產史或早產史的婦女，在整個妊娠期間都應停止性生活。

9.**忌產後二個月内進行性生活**：產婦分娩後陰道常有輕度損傷，子宮内胎盤剝離處有一個較大的創面，而且分娩時體力消耗大，抗病能力很弱，男方若急於要求性交細菌很容易侵入並迅速繁殖，危害產婦的健康。因此，一般在產後二個月左右，待子宮完全恢復正常狀態之後，才能進行性交。如果是人工流產，至少也要在一個月後才能同房。

10.**忌帶病性交**：男女雙方在患病期間不宜進行性生活，因爲人的身體有病，抵抗能力必然降低，進行性交不但不利於疾病康復，反而會加重疾病的惡化甚至造成嚴重後果，尤其是疾病的急性發作期間更應禁止性生活。下列幾種疾病必須禁止進行性生活：高血壓病病情較重、血壓較高、血壓波動幅度大、急性心肌梗塞期間、急性肝炎、急性肺炎、開放性肺結核等。以上這幾種疾病的慢性期、穩定期症狀較輕或無明顯症狀可適度過性生活，但必須節制，過頻常常使舊病復發，危及生命。傳染病如B型肝炎、淋病、梅毒、愛滋病等性傳染病急性期間或治癒初期，應絕對禁止進行性交（如B型肝炎，據報導大約四十%B肝患者會經過性接觸傳染，就算是康復階段的肝炎，雖然比急性期傳染有所下降，但病毒仍存在精液或子宮頸分泌物中，性交時也容易將病毒傳給對方）。

總之，恩愛夫妻對性愛衛生問題不可等閒視之。

(四七)、怎樣使健身運動成為一種樂趣？

1. **目的明確**：有的人參加健身運動是爲了減肥、有的人是爲了健美、也有的人是爲了更健康。如果這麼想，他們就會著眼於效果，而這種效果又都不可能在短期內出現，所以往往易使人洩氣，很難堅持有規律地練下去，而不規律的運動對人並無多大益處，如果人們把勻稱的體型和健康的體魄僅僅看作是健身運動的副產品，而去尋找健身運動本身的樂趣，情況就不同了。這時，堅持運動就不會是一項無味、辛苦的事情，而是一種樂趣。也就是說，當你這麼想時，就有動力去堅持了。

2. **培養對健身運動的興趣**：興趣是人們力求認識某種事物或從事某種活動的傾向。在你尚未形成鍛鍊興趣之前，丈夫或妻子要有意識地誘導和督促（但不能强迫）你和孩子走出家門跨進運動環境。方法可以從收看電視健身運動節目、觀摩運動表演比賽或閱讀健身運動報刊書籍開始，幫助你逐步完成從當觀衆、讀者到當選手的心理轉變，使其在强烈的外界感染和吸引下，產生躍躍欲試的衝動。只要一跨進健身運動的大門，獲得健身運動的快感，嚐到健身運動的甜頭，興趣就會在不知不覺中被培養起來。

3.**選擇自己喜歡的項目**：一位心理學家認爲，人們應當選自己喜歡的項目從事健身運動。健身操、跳舞、健美鍛鍊、氣功、網球、足球、羽毛球……哪樣都行，只要是你最喜歡的就行，不要顧慮得從頭學起，只要做你喜歡做的，你就會感到有趣，就能堅持下去。

4.**獎勵自己**：每次健身運動應當有明快的節奏並採用一定的方式來「獎勵」自己，如健美鍛鍊、跳舞、跳健美操或打網球後不妨洗個「桑那浴」，不僅運動後能得到很好的休息，還調劑了心理，激發人對所從事運動項目的熱情。

5.**根據個人習慣來訂定運動計劃**：如果你早上起得晚，就把運動時間挪到下午或晚上進行，或者頭天晚上把運動衣放在床頭，第二天一睜眼就能看見它，並提醒自己該去運動，可以去健身中心，也可在家裡運動。總之，根據自己情況採取運動方式，有利於增强運動下去的信心。

在我們的周圍，很多人都以没有時間爲藉口而不運動。事實上，有規律地進行運動，合理安排日程、作息時間表，並不比那些不運動的人緊張。如果你認爲運動本身其樂無窮，你就會有時間，有決心去進行運動，並堅持下去。

(四)、參加健身運動怎樣才能持之以恆？

1. **設表格記錄，嚴格考勤不懈**：根據自己的具體情況，訂定出表格來，內容一般包括日期、當日運動量、累計運動量、備註欄等。認真記錄。每年一本，裝訂起來就成了自己的健身運動檔案。

事實證明，此法乃健身運動持之以恒的好措施。每日一記（或運動日記），猶如單位考勤給予約束，有自我檢查和監督的作用，自覺性就會逐漸提高。如果由於某種原因耽誤了運動，可採取「補課」的辦法約束自己完成的運動量。從累計欄看到運動量的積累，也會使你感到更有興趣，獲得鼓舞力量，激勵你繼續堅持下去。備註欄可以記錄主要的生理指標，如脈搏、體重、血壓等，這樣，在一年結束或新年開始時，即可從運動量到身體健康狀況做一簡明的總結回顧，這對自己又是一個新的鞭策。如此日復一日、年復一年，健身運動就會養成習慣，成爲日常生活中不可缺少的內容。

2. **樹立堅定信心，講究科學方法**：「動則不衰」，這是千百萬人實踐經驗的總結。現代醫學亦已把運動納入「防治醫學」的範疇。對於健身運動强身健體、强健性活力的作用有明確的認識，有堅定的信念，這是健身運動能否持之以恒的關鍵所在，信心足，則「恒」在其中。要不斷從運動實踐和記錄中獲得興趣和力量，堅定信心提高鍛鍊的自覺性。

健身運動的過程也不都是一帆風順的，往往會遇到困難和挫折，這就要求我們要用科學態度和科學的方法去對待，不要簡單地把一些異常現象誤認爲是運動帶來的後果。遇到困難或異常情況時，要認真分析找出原因，必要時請教有實踐經驗的人或健身運動指導教練，然後有針對問題採取合理措施加以解決，這樣就會出現「柳暗花明又一村」的局面。如有的人運動後不注意及時保暖，以致受涼感冒，可是他卻認爲不運動不感冒，越運動越感冒；一些年過半百的人，心臟功能降低，卻偏偏喜歡激烈的籃球運動，結果引發了隱性冠心病。

凡此種種，皆非健身運動之過，而是缺乏科學態度和科學的健身運動方法。

3.**加強自我管理，維護身體健康**：前蘇聯醫學博士采拉赫說：「人的健康在很大程度上取決於自己，取決於他能認真對待和愛惜它到何等程度。」這就是說，健身運動必須和加强自我管理相結合，才能收到健身運動的佳效。

自我管理包括生活制度、飲食調節、個人嗜好等方面，要建立合理的生活制度即要起居有常，使夫妻工作、學習、性愛生活、休息、運動、娛樂規律化，形成一定的生活節奏。當然，生活管理不只是這些，它包括生活的全部內容，所以我們每一個人要從細微之處做起，養成良好的生活習慣，維護自己的身體健康和健美。這才是保證健身運動（性活力强健法）計劃落實的根本。

主要參考文獻

1.《中國傳統食療與健美》 連汝安　劉正才編著　中國和平出版社　一九八六年
2.《韻律健美操》 何絲琳　丁魯平合著　香港得利書局　一九八七年
3.《家庭按摩術》 葉朝蒼譯　吉林科學技術出版社　一九八八年
4.《女性魅力操》 樹庭編譯　長春出版社　一九八九年
5.《女子健美》 卓夫譯　世界圖書出版公司　一九八九年
6.《男女回春秘訣》 竺曉蘭編　鷺江出版社　一九八九年
7.《現代女子營養與健美》 顧奎勤編著　農村讀物出版社　一九八九年

8.《男子美的藝術》
廣西科學技術出版社　一九九一年
9.《體育》　陳錫堯編著
上海辭書出版社　一九九二年
10.《古今精功妙法》《體育博覽》雜誌增刊
11.《健與美》雜誌
12.《中國營養保健》雜誌
13.《競技與健美》雜誌
14.《健美·運動——家庭保健大全系列》
人民體育出版社　一九九〇年

大展出版社有限公司	圖書目錄

地址：台北市北投區11204 電話：(02) 8236031
致遠一路二段12巷1號 8236033
郵撥： 0166955～1 傳眞：(02) 8272069

•法律專欄連載• 電腦編號 58

台大法學院 法律學系／策劃 法律服務社／編著

①別讓您的權利睡著了[1]	200元
②別讓您的權利睡著了[2]	200元

•秘傳占卜系列• 電腦編號 14

①手相術	淺野八郎著	150元
②人相術	淺野八郎著	150元
③西洋占星術	淺野八郎著	150元
④中國神奇占卜	淺野八郎著	150元
⑤夢判斷	淺野八郎著	150元
⑥前世、來世占卜	淺野八郎著	150元
⑦法國式血型學	淺野八郎著	150元
⑧靈感、符咒學	淺野八郎著	150元
⑨紙牌占卜學	淺野八郎著	150元
⑩ＥＳＰ超能力占卜	淺野八郎著	150元
⑪猶太數的秘術	淺野八郎著	150元
⑫新心理測驗	淺野八郎著	160元

•趣味心理講座• 電腦編號 15

①性格測驗1	探索男與女	淺野八郎著	140元
②性格測驗2	透視人心奧秘	淺野八郎著	140元
③性格測驗3	發現陌生的自己	淺野八郎著	140元
④性格測驗4	發現你的真面目	淺野八郎著	140元
⑤性格測驗5	讓你們吃驚	淺野八郎著	140元
⑥性格測驗6	洞穿心理盲點	淺野八郎著	140元
⑦性格測驗7	探索對方心理	淺野八郎著	140元
⑧性格測驗8	由吃認識自己	淺野八郎著	140元
⑨性格測驗9	戀愛知多少	淺野八郎著	160元

⑩性格測驗10	由裝扮瞭解人心	淺野八郎著	140元
⑪性格測驗11	敲開內心玄機	淺野八郎著	140元
⑫性格測驗12	透視你的未來	淺野八郎著	140元
⑬血型與你的一生		淺野八郎著	160元
⑭趣味推理遊戲		淺野八郎著	160元
⑮行爲語言解析		淺野八郎著	160元

•婦 幼 天 地• 電腦編號16

①八萬人減肥成果	黃靜香譯	180元
②三分鐘減肥體操	楊鴻儒譯	150元
③窈窕淑女美髮秘訣	柯素娥譯	130元
④使妳更迷人	成　玉譯	130元
⑤女性的更年期	官舒妍編譯	160元
⑥胎內育兒法	李玉瓊編譯	150元
⑦早產兒袋鼠式護理	唐岱蘭譯	200元
⑧初次懷孕與生產	婦幼天地編譯組	180元
⑨初次育兒12個月	婦幼天地編譯組	180元
⑩斷乳食與幼兒食	婦幼天地編譯組	180元
⑪培養幼兒能力與性向	婦幼天地編譯組	180元
⑫培養幼兒創造力的玩具與遊戲	婦幼天地編譯組	180元
⑬幼兒的症狀與疾病	婦幼天地編譯組	180元
⑭腿部苗條健美法	婦幼天地編譯組	180元
⑮女性腰痛別忽視	婦幼天地編譯組	150元
⑯舒展身心體操術	李玉瓊編譯	130元
⑰三分鐘臉部體操	趙薇妮著	160元
⑱生動的笑容表情術	趙薇妮著	160元
⑲心曠神怡減肥法	川津祐介著	130元
⑳內衣使妳更美麗	陳玄茹譯	130元
㉑瑜伽美姿美容	黃靜香編著	150元
㉒高雅女性裝扮學	陳珮玲譯	180元
㉓蠶糞肌膚美顏法	坂梨秀子著	160元
㉔認識妳的身體	李玉瓊譯	160元
㉕產後恢復苗條體態	居理安•芙萊喬著	200元
㉖正確護髮美容法	山崎伊久江著	180元
㉗安琪拉美姿養生學	安琪拉蘭斯博瑞著	180元
㉘女體性醫學剖析	增田豐著	220元
㉙懷孕與生產剖析	岡部綾子著	180元
㉚斷奶後的健康育兒	東城百合子著	220元
㉛引出孩子幹勁的責罵藝術	多湖輝著	170元
㉜培養孩子獨立的藝術	多湖輝著	170元

㉝子宮肌瘤與卵巢囊腫	陳秀琳編著	180元
㉞下半身減肥法	納他夏・史達賓著	180元
㉟女性自然美容法	吳雅菁編著	180元
㊱再也不發胖	池園悅太郎著	170元
㊲生男生女控制術	中垣勝裕著	220元
㊳使妳的肌膚更亮麗	楊　皓編著	170元

・青春天地・電腦編號17

①A血型與星座	柯素娥編譯	120元
②B血型與星座	柯素娥編譯	120元
③O血型與星座	柯素娥編譯	120元
④AB血型與星座	柯素娥編譯	120元
⑤青春期性教室	呂貴嵐編譯	130元
⑥事半功倍讀書法	王毅希編譯	150元
⑦難解數學破題	宋釗宜編譯	130元
⑧速算解題技巧	宋釗宜編譯	130元
⑨小論文寫作秘訣	林顯茂編譯	120元
⑪中學生野外遊戲	熊谷康編著	120元
⑫恐怖極短篇	柯素娥編譯	130元
⑬恐怖夜話	小毛驢編譯	130元
⑭恐怖幽默短篇	小毛驢編譯	120元
⑮黑色幽默短篇	小毛驢編譯	120元
⑯靈異怪談	小毛驢編譯	130元
⑰錯覺遊戲	小毛驢編譯	130元
⑱整人遊戲	小毛驢編著	150元
⑲有趣的超常識	柯素娥編譯	130元
⑳哦！原來如此	林慶旺編譯	130元
㉑趣味競賽100種	劉名揚編譯	120元
㉒數學謎題入門	宋釗宜編譯	150元
㉓數學謎題解析	宋釗宜編譯	150元
㉔透視男女心理	林慶旺編譯	120元
㉕少女情懷的自白	李桂蘭編譯	120元
㉖由兄弟姊妹看命運	李玉瓊編譯	130元
㉗趣味的科學魔術	林慶旺編譯	150元
㉘趣味的心理實驗室	李燕玲編譯	150元
㉙愛與性心理測驗	小毛驢編譯	130元
㉚刑案推理解謎	小毛驢編譯	130元
㉛偵探常識推理	小毛驢編譯	130元
㉜偵探常識解謎	小毛驢編譯	130元
㉝偵探推理遊戲	小毛驢編譯	130元

國家圖書館出版品預行編目資料

性活力強健法/相建華編著
——初版，——臺北市，大展，民86
面；　　公分，——（家庭醫學保健；3）
ISBN 957-557-684-5（平裝）

1. 性知識　　2. 夫妻

544.71　　86001137

行政院新聞局局版臺陸字第100680號核准
北京人民體育出版社授權中文繁體字版

性活力強健法　　ISBN 957-557-684-5

編著者/相　建　華
發行人/蔡　森　明
出版者/大展出版社有限公司
社　址/台北市北投區（石牌）致遠一路2段12巷1號
電　話/（02）8236031・8236033
傳　真/（02）8272069
郵政劃撥/0166955-1
登記證/局版臺業字第2171號
承印者/國順圖書印刷公司
裝　訂/嶸興裝訂有限公司
排版者/弘益電腦排版有限公司
初　版/1997年（民86年） 2月

定　價/220元

大展好書 好書大展

大展好書 好書大展